GERDA HENKEL VORLESUNG

Verleihung des Gerda Henkel Preises 2008

Award of the Gerda Henkel Prize 2008

10. November 2008
Kunstsammlung NRW – K21, Düsseldorf

Richard Sennett

How I write: Sociology as Literature

Wie ich schreibe: Soziologie als Literatur

Gerda Henkel Vorlesung

GERDA HENKEL **STIFTUNG**

(Hg. | Ed.)

2009
RHEMA
Münster

Inhalt

2008
GERDA HENKEL PREIS

Zum Geleit

Julia Schulz-Dornburg
Vorsitzende des Kuratoriums der
Gerda Henkel Stiftung

Sehr geehrte Damen und Herren,
liebe Freunde der Stiftung,

zum zweiten Mal hat die Gerda Henkel Stiftung den von ihr im Jahr 2006 ins Leben gerufenen Gerda Henkel Preis verliehen. Sie bekundet damit ihren Wunsch, die Historischen Geisteswissenschaften weiter zu stärken und die Bedeutung eines verantwortungsvollen Umgangs mit der Geschichte für unsere Wahrnehmung der Gegenwart und Gestaltung der Zukunft zu bekräftigen. Am 10. November 2008 nahm in der Düsseldorfer Kunstsammlung NRW – K21 der Soziologe Professor Dr. Richard Sennett die Auszeichnung entgegen. Mit seinen Forschungen zur Stadt und zur Arbeit »überschreitet er mühelos die Fachgrenzen der geisteswissenschaftlichen Disziplinen, insbesondere von Soziologie und Geschichte, Psychologie und Philosophie«, wie es in der Begründung der Jury heißt. Seine Arbeiten, so hoffen wir, werden Wissenschaftlerinnen und Wissenschaftler dazu ermutigen, wichtige Themen unserer Zeit in ihren Fachdisziplinen zu behandeln. Die vorliegende Publikation dokumentiert die Reden des Festprogramms. Wir möchten damit allen danken, die unsere Arbeit zum Teil seit vielen Jahren begleiten. Mein besonderer Dank gilt schließlich den Mitwirkenden. Beim Lesen oder Wiederlesen ihrer Beiträge wünsche ich Ihnen viel Freude.

Düsseldorf, im November 2008

GERDA HENKEL PREIS

Foreword

Julia Schulz-Dornburg
Chair of the Gerda Henkel Foundation's Board of Trustees

Ladies and gentlemen,
Dear friends of the Foundation,

For the second time the Gerda Henkel Foundation has awarded its Gerda Henkel Prize, established in 2006. In so doing the Foundation manifests its desire to further strengthen the historical humanities, and to emphasize the importance of a responsible approach to history, both for our awareness of the present and for our shaping of the future. On 10th November 2008, at the Düsseldorf Kunstsammlung NRW – K21, the sociologist Professor Richard Sennett received this award. His research on cities and work »effortlessly crosses the boundaries between specialist humanities disciplines, especially between sociology and history, psychology and philosophy« as the jury noted in their statement. We hope that his work will encourage other academics to address important topics of our time within their own disciplines. This publication compiles the speeches from the award ceremony, and with this we would like to thank all those who have followed our work, sometimes over many years. Finally, I should like to offer my own special thanks to the participants, and hope that you will very much enjoy reading, or re-reading, their contributions.

Düsseldorf, November 2008

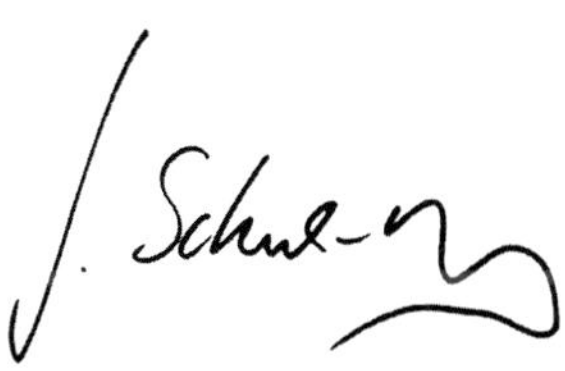

Grußwort

Dr. Annette Schavan, MdB
Bundesministerin für Bildung und Forschung

Geisteswissenschaften sind heute so aktuell wie nie. Sie reflektieren Kriterien und Maßstäbe zur Bewertung von Modernisierungsprozessen und zeigen auf, was eine Gesellschaft prägt und zusammenhält. Geisteswissenschaften haben den Auftrag, uns die Welt zu erklären und uns Instrumente an die Hand zu geben, damit wir uns besser in ihr zurechtfinden. Mit ihren analytischen und vermittelnden Kompetenzen schaffen die Geisteswissenschaften Transparenz in einer immer komplexer werdenden Welt.

Eine gleichermaßen wichtige Rolle spielen die Geisteswissenschaften bei der Internationalisierung von Wissenschaft, Wirtschaft und Gesellschaft. Angesichts der globalen Bedeutung von Wissenschaft und Forschung ist es nur folgerichtig, dass der Gerda Henkel Preis auf dem Gebiet der historischen Geisteswissenschaften als internationaler Forschungspreis verliehen wird. Mit dem US-amerikanischen Soziologen und Kulturhistoriker Richard Sennett wird in diesem Jahr ein herausragender Wissenschaftler mit dem Gerda Henkel Preis geehrt, dessen Arbeiten zu den Auflösungstendenzen moderner Gesellschaften die Grenzen zwischen den geisteswissenschaftlichen Disziplinen überschreiten und ob ihrer Aktualität und ihres Stils vielfach rezipiert werden.

Ich gratuliere dem Preisträger sehr herzlich und ich danke der Gerda Henkel Stiftung, die seit mehr als 30 Jahren insbesondere den wissenschaftlichen Nachwuchs bei exzellenten zukunftsgerichteten wissenschaftlichen Projekten unterstützt und damit zur Verbesserung unseres Geschichts- und Kulturverständnisses beiträgt.

Preface

Dr. Annette Schavan, MdB
Federal Minister of Education and Research

The humanities are still as topical as they have ever been. They reflect on criteria and benchmarks for evaluating modernization processes, and they reveal what dominates a society and holds it together. The humanities are there to explain the world to us and provide us with the instruments that enable us to find our bearings in it more easily. With their analytical and liaising qualities, the humanities create transparency in a world that is becoming ever more complex.

The humanities play an equally important role in the internationalization of science, business, and society. In view of the global significance of science and research, it makes sense for the Gerda Henkel Prize to be awarded as an international research prize in the field of the historical humanities. This year, the Gerda Henkel Prize honours the US sociologist and cultural historian Richard Sennett, an outstanding scholar whose works on the trend towards disintegration of modern societies transcend the borders between the various disciplines in the humanities and, given their topicality and style, have won broad recognition.

I would like to extend my warm congratulations to the prize winner and thank the Gerda Henkel Foundation, which for more than 30 years has supported the young generation of scholars in particular in excellent, future-oriented scholarly projects, thereby contributing to our understanding of history and culture.

GERDA HENKEL PREIS

Begrüßung

Dr. Michael Hanssler
Vorsitzender des Vorstands der Gerda Henkel Stiftung

Lieber Herr Professor Sennett, lieber Herr Professor Warnke, Herr Botschafter Boomgaarden, sehr geehrte Vertreter der deutschen und auswärtigen Politik, liebe Mitglieder der Familie Henkel, sehr geehrte Stiftungskollegen, liebe Gäste aus Wissenschaft, Wirtschaft und den Medien, bitte sehen Sie es mir nach, wenn ich – entgegen allen protokollarischen Vorschriften – die zahlreichen Ehrengäste im Publikum nicht namentlich begrüßen kann.

Sie alle gemeinsam, die Sie heute bei der Gerda Henkel Stiftung zu Gast sind, geben unserer Preisverleihung einen festlichen und würdigen Rahmen. Ich danke Ihnen für Ihre Teilnahme und heiße Sie – ganz besonders auch im Namen unserer Stiftungsgremien – hier im Ständehaus sehr herzlich willkommen.

Im Mittelpunkt steht heute Abend vielmehr Richard Sennett. Herr Professor Frühwald wird in seiner Laudatio die brillanten Analysen des Preisträgers und den Einfluss seines Denkens auf Kultur und Gesellschaft noch ausführlich betrachten. Ich möchte mich darauf beschränken zu betonen, warum die Wahl Professor Sennetts aus Sicht der Stiftung auch zeitlich gesehen eine so glückliche ist: Richard Sennett zeigt in seinen Arbeiten, inwiefern ein sehr genaues Verständnis der Geschichte Orientierung für die Zukunft gibt. Genau diesen Ansatz möchten wir aufgreifen. Konkret bedeutet dies, dass die Stiftung im Frühjahr des Jahres entschieden hat, neuerdings auch gegenwarts- und zukunftsbezogene Projekte in ihre Fördertätigkeit aufzunehmen.

Historische Grundlagen zur Erforschung aktueller gesellschaftlicher Fragen zu nutzen – darin besteht also die Gemeinsamkeit zwischen dem literarischen Schaffen unseres Preisträgers und neuen Elementen in der Förderarbeit der Gerda Henkel Stiftung.

Vor diesem Hintergrund möchte ich Ihnen, lieber Herr Frühwald, den Mitgliedern der Jury und ganz besonders Lord Dahrendorf als ihrem Vorsitzenden für die umsichtig getroffene Entscheidung zur Ermittlung unseres Preisträgers Dank und Anerkennung aussprechen.

Gestatten Sie mir, noch in aller Kürze auf den musikalischen Rahmen des Festaktes einzugehen: Wie vielleicht nicht allen Gästen bekannt ist, wollte Richard Sennett ursprünglich einmal Profi-Musiker werden. Seine frühe, eindrucksvolle Karriere als Cellist wurde nur durch eine Handverletzung unterbrochen, die ihn dann zur Wissenschaft geführt hat. Seine musikalische Fachkenntnis stellte uns also in der Planung dieses Abends vor erhebliche Herausforderungen: Am schönsten wäre es natürlich gewesen, wenn er sich selbst ans Cello gesetzt hätte.

Als wir uns im vergangenen Sommer in einem kleinen Pub in London zum ersten Mal trafen, wollten wir ihn genau dazu auch überreden. Leider vergebens. Auch wenn er selbst nicht spielen wollte, bat er uns in seiner feinsinnigen und bescheidenen Art dann aber doch darum, dem musikalischen Programm des heutigen Abends angemessenen Raum zu geben. Diesem Wunsch sind wir gefolgt und freuen uns sehr, dass es gelungen ist, mit dem Schumann Quartett junge Künstler und Künstlerinnen zu gewinnen, die sicher weder unseren Preisträger noch Sie, liebe Gäste, enttäuschen werden. Ich werde Ihnen das Quartett im Anschluss an die Festrede Professor Sennetts dann noch kurz vorstellen.

Schließlich möchte ich mich besonders herzlich bei all denen bedanken, die an der Vorbereitung unserer Preisverleihung mitgewirkt haben. Zu nennen sind hier die Verantwortlichen der Kunstsammlung NRW – K21, die Berliner Agentur Plex, unser Dolmetscher, Herr Spriesterbach, und natürlich das kleine Team der Gerda Henkel Stiftung. Alle Mitarbeiter und Mitarbeiterinnen haben – trotz ohnehin schon hoher Belastung im Tagesgeschäft – tolle Arbeit geleistet und dabei doch nie ihre gute Laune verloren.

Ich hoffe, dass diese positive Atmosphäre in der Geschäftstelle der Stiftung sich auch auf unsere Festveranstaltung überträgt, danke für Ihre Geduld und darf nun das Wort an Lord Dahrendorf übergeben, der kurz über die Arbeit der Jury berichten wird.

Welcoming remarks

Dr. Michael Hanssler
Chair of the Gerda Henkel Foundation's Executive Board

My dear Professor Sennett, Professor Warnke, Ambassador Boomgaarden, most honoured representatives of the German and foreign political communities, dear members of the Henkel family, Foundation colleagues, and Guests from science, business and the media, please forgive me if – contradicting all good manners – I am unable to greet by name all our many honoured guests here in the audience.

Your presence here today as guests of the Gerda Henkel Foundation brings to our award ceremony a most festive and worthy setting. I would like to thank you for taking part, and – particularly on behalf of our Foundation Committees – to bid you a very warm welcome here at the Ständehaus.

The spotlight tonight in fact is on Richard Sennett. In his laudatory remarks, Professor Frühwald will look in greater depth at the prize-winner's brilliant analytical work, and the ways in which his thinking has influenced culture and society. I would like to confine myself to emphasising why, from the Foundation's point of view, the selection of Professor Sennett also appears most fortunately timed; Richard Sennett shows in his work the extent to which a finely detailed understanding of history can offer pointers to the future. It is upon precisely these beginnings that we ourselves would like to build. In concrete terms, this means the Foundation decided in spring of this year to also include within its sponsorship both projects which look at the here and now, and which look to the future.

Drawing upon historical principles in order to explore current social issues – therein lies the common ground between our prize-winner's literary work and the new elements of sponsorship provided by the Gerda Henkel Foundation.

It is against this background that I would like to express, to you Mr. Frühwald, and to the members of the panel of judges and in particular its Chair Lord Dahrendorf, our thanks and appreciation for their careful consideration in the decision to nominate our prize-winner.

Allow me to turn very briefly to the musical aspect of the ceremony. Not everyone here may be aware that Richard Sennett wished originally to become a professional musician. Unfortunately however, his impressive early career as a cellist was curtailed by an injury to his hand, leading him to then turn to science. His specialist musical knowledge therefore set us quite a challenge in planning this evening. In an ideal world, of course, he would have played the cello himself.

When we first met at a small pub in London last summer, we tried to persuade him to do precisely that – sadly, to no avail. However, even though he himself preferred not to play, in his sensitive and unassuming way he requested that we give careful consideration to the selection of this evening's musical program. We have respected this wish, and are delighted to have the Schumann Quartet with us, young artists who are certain to please both our prize-winner and yourselves, our honoured guests. I will present the Quartet to you shortly after Professor Sennett's speech.

Finally, I would like most sincerely to thank all those who have taken part in the preparation of our prize ceremony. Our thanks go to those in charge of the Kunstsammlung NRW – K21, the Plex agency in Berlin, Mr. Spriesterbach our interpreter, and of course the small team at the Gerda Henkel Foundation. Despite their already demanding day-to-day jobs everyone working there has performed superbly, and has done so without ever losing their good humour.

I hope that the positive atmosphere of the Foundation offices will carry across to our function, and thank you for bearing with me. I would now like to hand you over to Lord Dahrendorf who will briefly discuss the work of the judges.

GERDA HENKEL PREIS 2008

Bericht der Jury

Lord Ralf Dahrendorf
Vorsitzender der Jury

Das Programm für diese festliche Veranstaltung sieht vor, dass ich Ihnen den »Bericht der Jury« erstatte, die zu dem Schluss gekommen ist, Richard Sennett als zweiten Träger des Gerda Henkel Preises zu empfehlen. Das ist eine ehrenvolle Aufgabe für den Vorsitzenden der Jury, aber auch ein schwieriges Unterfangen. Die Entscheidung, zu der wir gekommen sind, habe ich bereits erwähnt; sie ist unter uns in der Person des Preisträgers, der gleich noch von Professor Frühwald lobend vorgestellt wird. Wie die Entscheidung gefallen ist, gehört zu den Geheimnissen dieser Welt, die zu enthüllen ich mich nicht anmaßen würde. Selbst in dieser Zeit des verbreiteten Bedürfnisses nach Transparenz muss es noch Dinge geben, die hinter einem – wie sagt es doch John Rawls? – *veil of ignorance*, einem Schleier des Nichtwissens verborgen bleiben.

Meine Jury-Kollegen, der Preisträger und die Stiftung gestatten mir vielleicht eine kleine Ausnahme von dieser Regel. Unsere Entscheidung war nicht schwierig und wurde von allen Jury-Mitgliedern frohen Mutes geteilt, nachdem wir die Grundentscheidung getroffen hatten, die wissenschaftlichen Arbeiten von Professor Sennett den Geisteswissenschaften zuzurechnen. Da betrete ich zögernd ein weites und vielfach vermintes Feld. Manche erinnern sich noch an C.P. Snows Unterscheidung der »zwei Kulturen« der exakten und der interpretierenden Wissenschaften. Wolf Lepenies hat mit guten Gründen versucht, die Sozialwissenschaften in diese Dichotomie hineinzubugsieren. Es gibt dann also drei Kulturen, die dennoch Fragen offenlassen: Wohin gehört die in diesen Wochen viel diskutierte Gesellschaftsgeschichte von Hans Ulrich Wehler? Und wo finden wir die angesichts der dramatischen Finanz- und vielleicht Wirtschaftskrise auffällig schweigsamen Ökonomen mit ihren Nobelpreisen?

Vielleicht muss man nicht alle Fragen dieser Art beantworten. Ich bin beim Nachdenken über das Thema indes zu dem Schluss gekommen, dass es ein Kontinuum der Wissenschaftskulturen gibt, das von den exakten Wissenschaften an einem bis zu den wortpflegenden Wissenschaften am anderen Ende reicht. Die meisten Disziplinen sind irgendwo in der Mitte anzusiedeln. Definieren lassen sie sich am ehesten durch ein simples Merkmal, das Bücherschreiben. Naturwissenschaftler schreiben keine Bücher, jedenfalls keine, die sie als Wissenschaft ausgeben. Die Arbeitsgruppe des Wissenschaftsrates, die die Pilotstudien über Chemie und über Soziologie vorgenommen hat, hat jedenfalls bei den Chemikern nur jene mysteriösen Produkte, die wir »Artikel in peer-reviewed journals« nennen, gelten lassen und Bücher (von denen es wenige gab) gar nicht erst mitgezählt. Ökonomen haben das mittlerweile kopiert. Ein guter Freund schickte mir unlängst sein bedeutendes Werk über die Ökonomie der Entwicklungsländer, begleitet von einem regelrechten Entschuldigungsbrief: er wisse natürlich, dass Bücher keine Wissenschaft sind, aber sein Buch enthalte mehrere Abschnitte, die auch als Artikel in Fachzeitschriften publiziert werden könnten. Einige seien auch tatsächlich schon erschienen.

Bei den Geisteswissenschaften – denn um deren Definition geht es mir – verhält es sich umgekehrt. Autoren entschuldigen sich für bloße Aufsatzsammlungen; was zählt, sind Bücher, am liebsten richtig dicke Bücher, die man etwas ächzend aber dann doch dankbar in die Ferien mitschleppt, wo man endlich die Zeit hat, sie zu lesen. Das Kontinuum der Kulturen, von dem ich sprach, kennt also die Buchwissenschaften an einem Ende, die Artikelwissenschaften am anderen, und es sind die Buchwissenschaften, die wir Geisteswissenschaften nennen und hier feiern.

Der ökonomische Freund, von dem ich sprach, ist übrigens schon etwas älter. Mir ist aufgefallen, dass die Neigung zum Bücherschreiben bei exakten Wissenschaftlern mit der nahenden Emeritierung zunimmt. Nach der Emeritierung werden dann beinahe alle Geisteswissenschaftler. Offenbar gilt das für bedeutende Ökonomen. Diese möglicherweise etwas waghalsige Entdeckung ermuntert mich zu der Anregung, bei der nächsten oder doch der übernächsten Verleihung des Henkel-Preises zu erkunden, ob es nicht auch unter Jüngeren preiswürdige Kolleginnen und Kollegen gibt.

Das alles ist jedoch emphatisch kein Kommentar über den Henkel-Preisträger des Jahres 2008. Richard Sennett ist ein Bücherschreiber und zudem einer, der sich zwar Soziologe nennt, aber damit vor allem kundtut, dass er sich nicht in das Gefängnis wissenschaftlicher Fächer sperren lässt. Er ist einer der prägenden öffentlichen Wissenschaftler unserer Zeit. Für mich hat seine Wahl eine besondere Bedeutung; denn zu seinen zahlreichen Identitäten gehört eine Professur an der *London School of Economics*, deren Direktor ich viele Jahre lang war. So bin ich der Neigung der Jury, ihm den Henkel-Preise zu verleihen, besonders gerne gefolgt. Mit dem Glückwunsch an den Preisträger endet indes auch mein Bericht über das, was nicht hinter dem Schleier des Nichtwissens verborgen bleiben sollte.

Report of the Jury

Lord Ralf Dahrendorf
Chair of the Jury

You will see from the programme of this festive event that I am to present the report from the jury, which recommends Richard Sennett as the second winner of the Gerda Henkel Prize. For the Chairman of the jury, this represents a great honour but also a difficult task. I have already mentioned the decision we have reached; the prize-winner is here amongst us and will shortly be introduced to you in glowing terms by Professor Frühwald. The way in which this decision was reached is of course a global secret, and not one that I would presume to reveal. Even at this time of common need for transparency there must yet be things which – how does John Rawls put it? – remain hidden behind a veil of ignorance.

My colleagues on the jury, the prize-winner and the Foundation may perhaps grant me one small exception to this rule. Our decision was not a difficult one – it was one which was happily shared by all members of the jury once we had taken the basic decision to assign the academic work of Professor Sennett to the humanities. I do of course realize here that I am walking into an absolute minefield. Some of you will still remember the distinction drawn by C.P. Snow between the »two cultures«, those of the exact and the interpretative sciences. Wolf Lepenies has with good reason attempted to shoehorn into this dichotomy the social sciences. There are then three cultures, but this still leaves questions unanswered: into where do we fit Hans Ulrich Wehler's social history, so much under discussion in recent weeks? And in the face of the dramatic financial and possibly economic crisis – where do we find the strangely reticent economists with their Nobel prizes?

Perhaps one need not answer every such question. Whilst pondering this topic, I have arrived at the conclusion that there is a continuum of academic cultures, ranging from the exact sciences at one end to those which cultivate verbal expression at the other. Most disciplines find themselves somewhere in the middle. They most readily define themselves through one simple characteristic – the writing of books. Natural scientists don't write books, or in any case not books that they would refer to as science. When the Council of Science and Humanities, which undertook the pilot studies on chemistry and sociology, came to the chemists it considered in any case only those mysterious entities which we refer to as »articles in peer-reviewed journals«, and did not even include books (of which there were few). Economists have in the meantime followed suit. A good friend of mine recently sent me his important work on the economy of developing countries, accompanied by an outright letter of apology: he understood of course that books did not count as science, but his book did include several sections that could also be published as articles in academic journals. Some had in fact already been published.

As regards the humanities – which are what I am attempting to define – the reverse applies. Authors apologise for collections of articles; what counts are books, preferably really thick ones, which you moan about but yet are grateful for as you haul them away on holiday with you, where you at last have time to read them. The continuum of cultures of which I spoke is thus aware at one end of the book sciences and at the other the article sciences, and it is the book sciences, those that we call the humanities, to which we are referring and are here celebrating.

The economist friend of whom I spoke is, by the way, somewhat older. I have noticed that the tendency toward book writing amongst academics belonging to the exact sciences does tend to increase as they approach emeritus status. On becoming emeritus, almost all turn to the humanities. That is manifestly the case for eminent economists. This perhaps somewhat bold discovery encourages me to suggest that next time the Henkel prize is awarded – or perhaps the time after that – we should investigate whether amongst our younger colleagues there may also be someone worthy of a prize.

However, I would emphasise that none of this in any way reflects upon the 2008 Henkel prize winner. Richard Sennett is a writer of books, and although he also calls himself a sociologist he proclaims above all that he does not wish to be confined within the prison walls of academia. He is one of the formative public scholars of our time. His selection is of particular significance to me, for amongst his numerous identities is that of professor at the London School of Economics, of which for many years I was Director. I am therefore especially happy to concur with the jury's disposition to award the Henkel prize to him. In giving my best wishes to the prize-winner, I am also concluding my report on that which should not remain hidden behind a veil of ignorance.

Laudatio auf Richard Sennett

Prof. Dr. Dr. h.c. mult. Wolfgang Frühwald

1. Aufklärung

Wer die Quintessenz des vielgestaltigen Werkes von Richard Sennett in einem einzigen Satz zusammenfassen wollte, müsste mit Soziologen unterschiedlicher Herkunft konkurrieren. Mit dem Konstanzer Soziologen Jürgen Raab zum Beispiel, der 2003 »das am Übergang zur Moderne aufgeworfene Problem der sozialen Ungleichheit« als das Generalthema von Sennetts Werk benannte, oder mit dem Baseler Soziologen Sven Opitz, der diesen Versuch 2006 unter dem Titel *Das Spiel der Gesellschaft* wiederholte und dabei als reduzierende Generalformel nannte: »Um die Möglichkeiten des Menschen zur Entfaltung zu bringen, muss eine gesellschaftliche Ordnung etabliert werden, innerhalb derer der Einzelne sich trotz seiner Einzigartigkeit sozial verorten und dadurch in Kontakt mit Fremden treten kann.« Insbesondere aber müsste dieser Versuch mit Richard Sennett selbst konkurrieren, dessen Forschungsgebiet die Arbeitswelt ist und der dabei gelegentlich auf solche Reduktionsformeln zurückgreift. Unter ihnen scheint mir diejenige vor allem charakteristisch, die in seinem 2008 erschienenen Buch *The Craftsman* enthalten ist. Sie lautet: »Wir möchten etwas vom Geist der Aufklärung retten und in die Sprache unserer Zeit übersetzen.« In der Tat, hier ist ein Aufklärer im bestem Sinne des Wortes am Werk. Er zitiert unter anderen Diderot, Voltaire, Moses Mendelssohn und Friedrich Schiller und beruft sich auf Kants berühmte Definition aus der *Berlinischen Monatsschrift* von 1784: »Aufklärung ist der Ausgang des Menschen aus seiner selbstverschuldeten *Unmündigkeit*. Unmündigkeit ist das Unvermögen, sich seines Verstandes ohne Leitung eines anderen zu bedienen. *Selbstverschuldet* ist diese Unmündigkeit, wenn die Ursache derselben nicht am

Mangel des Verstandes, sondern der Entschließung und des Mutes liegt, sich seiner ohne Leitung eines andern zu bedienen. Sapere aude! Habe Mut dich deines eigenen Verstandes zu bedienen! ist also der Wahlspruch der Aufklärung.« Mit Richard Sennett in die Sprache unserer Zeit übersetzt, lautet dieser Wahlspruch lapidar: »Nimm dein Leben selbst in die Hand!« Sennett teilt mit der Aufklärung nicht nur die Leidenschaft des Denkens und die kulturkritische Skepsis, sondern auch das Wissen darum, dass ein von der Leiblichkeit und der Sinnlichkeit des Menschen abgelöstes Denken dämonisch-irrationale Züge annehmen und zu jenen Exzessen der Vernunft führen kann, wie sie während Robespierres Schreckensherrschaft in der Zeit der Französischen Revolution in Erscheinung traten. In seinem Denken erscheint die Theorie deshalb nicht abgelöst von der alltäglichen Erfahrungswelt der Menschen, sondern wird aus der Praxis, das heißt aus den Handlungen und der Reflexion des Alltags hergeleitet. Sein Vertrauen in die Kraft der handelnden Vernunft, die Zuversicht, dass aus einem solchen Verstandesgebrauch ein Fortschritt der Moral und ein entschiedener Aufschwung der Humanität erwartet werden kann, stellt Richard Sennett in die Traditionskette aufgeklärten Denkens.

So ist die von ihm geübte Kritik an der noch immer zunehmenden und modernisierungstypischen Beschleunigung des Erfahrungswandels, die Kritik an der wachsenden sozialen Ungleichheit und am Zerstörungspotential des neuen, des »flexiblen Kapitalismus« frei von Larmoyanz und jener Verklärung vergangener Gesellschaftsformen, worin sich Zeitkritik oftmals erschöpft. Im September 2008 hat Richard Sennett der *Süddeutschen Zeitung* ein Interview zu den Folgen der weltweiten Finanzkrise gegeben und dabei die Ansicht vertreten, dass Europa diese Folgen besser bewältigen werde als die USA. Das ungläubige Erstaunen des Reporters hat er mit der Rückfrage beantwortet: »Wissen Sie, was mir an Deutschen und auch an Skandinaviern auffällt? Sie haben eine wahre Freude daran sich zu beklagen, sie sind unfähig zu sagen: Ja, wir haben einen ganz guten Job gemacht.« Im gleichen Interview hat er der gedankenlosen europäischen Modellsuche in den Strukturen der nordamerikanischen Marktliberalität eine Absage erteilt und gerade umgekehrt Deutschland »in Teilen seines Sozialstaates« als ein Modell für die USA empfohlen. Eine solche Stimme wurde bei uns lange nicht mehr gehört. Sie ist frei von der wohlfeilen Kritik am »American way of life«, wie sie in Europa an unterschiedlichen Orten und in unterschiedlichen Ländern immer wieder seit dem Ende des Zweiten Weltkriegs aufflackert. Sie ist *nicht* frei von kritischen Tönen gegenüber selbstzerstörerischen Konsummustern in den USA und gegenüber der dort mangelnden Zukunftsvorsorge, die sich ausdrückt in der Minderwertung der Schulen und in der Gleichgültigkeit großer amerikanischer Firmen bei der Qualifizierung ihrer Arbeitskräfte. Die tiefe Verunsicherung über die Zukunft der Arbeitsplätze hat breite Schichten in den USA (und inzwischen auch in Europa) erfasst. Die Menschen, meinte Richard Sennett, seien sich der Krise bewusst, »aber sie haben noch keinen Namen dafür«.

2. Neo-Pragmatismus

Dabei verortet sich dieser nachdenklich engagierte Diagnostiker der Zeit selbst in einer genuin nordamerikanischen Denktradition, nämlich in der zweiten Welle des philosophischen Pragmatismus. Dieser wurde bekanntlich im 19. Jahrhundert von Charles Sanders Peirce begründet und meint, im Gegensatz zum deutschen Idealismus, »den Schlüssel zur menschlichen Erkenntnis in unbedeutenden alltäglichen Handlungen« zu finden. Zur zweiten Welle dieses Pragmatismus (nach einer Zäsur von etwa zwei Generationen) zählt Sennett – neben sich selbst – den Erfurter Soziologen Hans Joas, »eine Schule junger Pragmatiker in Dänemark« sowie die Amerikaner Richard Rorty und Richard Bernstein. Sennetts Buch *The Craftsman* (das noch im Jahr des Erstdrucks 2008 unter dem Titel *Handwerk* ins Deutsche übersetzt wurde) spiegelt den Geist und das Denken dieser philosophischen Schule. Dass auch die Erziehung von Kindern ein »Handwerk« ist, das gut oder schlecht ausgeübt werden kann, dass auch Denken eine Tätigkeit ist, die man handwerklich schlampig oder sorgsam verrichten kann, hat Richard Sennett anschaulich beschrieben. Sein Gedankengang umschreibt dabei mit einer Fülle von Beispielen aus allen Lebensbereichen, mit einem tiefen und weiten Ausgriff in die Geschichte (auch und gerade in die Geschichte der eigenen Familie) den Begriff *»experience«*. Es ist dies ein im Englischen sehr weiter Begriff, in dem sich, anders als im Deutschen, Erleben *und* Erfahrung stets gegenseitig kontrollieren und korrigieren. Sennett behauptet nicht weniger, »als dass die Fähigkeiten unseres Körpers im Umgang mit materiellen Dingen dieselben sind wie jene Fähigkeiten, auf die wir uns in sozialen Beziehungen stützen«. Dies aber bedeutet, dass auch die ethischen Implikationen unseres Tuns diesem nicht nachgetragen werden dürfen, sondern in den Arbeits- und den Denkprozess zu integrieren sind. »Ethische Fragen«, heißt es in Sennetts Beschreibung des Neo-Pragmatismus, »dürfen nicht aufgeschoben werden, bis Tatsachen geschaffen sind, die sich nicht mehr aus der Welt schaffen lassen.« Das gilt für das Brotbacken ebenso wie für die Reparatur von Gasleitungen, für die Mikrobiologie wie die Kosmologie, für die Nanotechnologie, die Stammzellenforschung, die Konstruktion von Biocomputern und alle technischen Phantasien und Visionen unserer automatisierten Welten. Da Denken und Handeln der Menschheit in Bereiche vorgedrungen sind, wo Irrtümer sogleich und unmittelbar Leben und Eigentum einer sehr großen Zahl von Menschen gefährden, gilt es in den engen Räumen des Wettbewerbs um neues Wissen und neue Produkte Raum für die Möglichkeit und die Korrektur von Fehlern zu schaffen. Das wiederum heißt, es gilt der Langsamkeit, oder besser: der Überlegung und der Nachdenklichkeit wieder einen Ort in unserem Leben zu geben. Den Zeitstrudel, in dem junge Menschen viel zu früh aufgeregt und fortgerissen werden, so dass sie »nur darauf bedacht sind, sich zu überbieten, zu überbilden und dadurch in der Mittelmäßigkeit zu verharren«, hat schon Goethe, mit einem von den Eilposten seiner Zeit, den »velociferi«, abgeleiteten Wort, als eine »veloziferische« Kultur bezeichnet. Sie führt mit sich Oberflächlichkeit, Unlust, Dekonzentration und letztlich Betrug. Von der »Bluffgesellschaft« hat vor kurzem – unter Berufung auf Richard Sennetts Buch *Der flexible Mensch* (1998) – der Grazer Soziologe Manfred Prisching gesprochen. Er meint damit unsere von Schönheitsreparaturen jeder Art durchsetzte Gesellschaft, in welcher Sichtbarkeit alles ist, Leistung aber wenig zählt. In dem gesellschaftlichen Spiel, das hier eröffnet ist, entsteht (nach Prisching) »eine Welt von Simulationen, ein Spiegelkabinett von Selbst- und Fremdtäuschungen, in dem das Reale an Auszehrung leidet«. So wird der Bluff gar zu einer Leistung stilisiert. Man bedient sich seiner schamlos und ohne schlechtes Gewissen, seine Aufdeckung erweckt nicht Verachtung, sondern öffentliche Anerkennung. Zeiten der Reife, des Nachdenkens gelten in einer solchen sich ständig selbst überholenden Gesellschaft als unproduktiv. Menschliche Fertigkeiten aber, mahnte Richard Sennett, brauchten Zeit zur Reife und zur Entwicklung: »Die Langsamkeit der Zeit im Handwerk ist eine Quelle der Befriedigung. Die Praxis prägt sich dem Körper ein und macht die Fähigkeit zu unserer eigenen. Die langsame Zeit des Handwerks ermöglicht auch die Arbeit der Reflexion und der Phantasie – der Drang nach raschen Ergebnissen vermag das nicht.« Leistung gegen Bluff könnte man daraus als eine Forderung an unsere Zeit ableiten und geriete damit an die Wurzeln der sozialen Krise.

3. Der Sennett-Ton

Der über die Fachwelt weit hinausreichende Erfolg von Richard Sennetts Büchern gründet in der Methode seines Schreibens. Es gibt in der heutigen soziologisch-sozialphilosophischen Literatur einen Sennett-Ton. Mit ihm versucht dieser Meister wissenschaftlicher Essayistik, über Planung und Politik hinweg eine Brücke zu schlagen »zwischen den Extremen konkreter Erfahrung und sozialwissenschaftlicher Theorie«. Aus Erfahrung und Theorie ist sein Stil gemischt, wobei die als *»experience«* verstandene, die »erlebte« Erfahrung auch die Erzählung eigener Lebensschicksale nicht scheut. Im Gegenteil, die »bittere, radikale Vergangenheit« der eigenen Familie ist gleichsam der Sauerteig, der bei Sennett die umfassendere Geschichte der Gesellschaft treibt: die Geschichte des exzentrischen Großvaters, der zwar den Mechanismus des Anrufbeantworters erfunden, sich um die Patentierung aber nie gekümmert hat; die Geschichte der verarmten Mutter, die mit ihrem Sohn zunächst in Cabrini Green, einer (berühmten und später berüchtigten) Sozialsiedlung in Chicago, leben musste, ehe sie ihren Weg als Sozialarbeiterin begann; die Geschichte des zum Träumen veranlagten Vaters und die des hitzköpfigen Onkels, die beide im Spanischen Bürgerkrieg auf der Seite der Republik kämpften, ehe ihre Ideale von Stalin verraten wurden. Der Hitler-Stalin-Pakt hat 1939 die Enttäuschung zahlreicher idealistischer Anhänger des Kommunismus besiegelt. »So erging es auch meinem Vater, dessen persönliches Leben aus den Fugen geriet«, berichtet Sennett in dem 2002 erschienenen Buch *Respekt im Zeitalter der Ungleichheit*. »In einem Versuch, ihre Ehe zu retten, zeugten meine Eltern mich, und wie so oft in ähnlichen Fällen bedeutete meine Geburt das Ende ihrer Ehe. Mein Vater floh, als ich wenige Monate alt war – ich bin ihm nie begegnet – und meine Mutter geriet in große finanzielle Schwierigkeiten.« Das ist der Sennett-Ton, ein *scheinbar* leichtfüßig und mit leicht ironischer Distanz einherkommender Erzählton, der jedoch von schwersten Konflikten und materiellen Nöten, von Armut und sozialem Abstieg, vom Kampf einer allein erziehenden Mutter um ein menschenwürdiges Dasein für sich und ihr Kind berichtet und daraus Konsequenzen für die Kritik gegenwärtiger Gesellschaftsformen zieht. Das Leben wird nach vorwärts gelebt und nach rückwärts verstanden. Als Kind hat Richard Sennett mit seiner Mutter Cabrini Green verlassen. In dem Buch *Respekt im Zeitalter der Ungleichheit* hat er versucht, dorthin zurückzukehren.

Aus solchen Lebensgeschichten schließt Sennett auf die Struktur des sozialen Wandels in der Moderne. »Veränderung, wenn sie kommt«, sagt er, entwickelt sich im Kleinen, »örtlich, schrittweise in den Gemeinden und nicht durch Massenerhebungen«. Er zitiert deshalb auch mehrfach den für die Struktur des »flexiblen Kapitalismus« kennzeichnenden und tief in den Charakter des Einzelnen eingreifenden Ausspruch eines Wirtschaftsberaters, der den Personalabbau bei IBM begleitete und dabei meinte, die Menschen seien erst dann »marktgängig«, wenn sie verstanden hätten, dass sie sich *nicht* auf die Firma verlassen könnten, in der sie arbeiteten. Das durch solche Denkweisen gekennzeichnete Regime eines totalitär gewordenen Marktes, auf dem der Mensch schon als materielle Ressource, mit allen seinen Organen und Zellen gebraucht und verbraucht wird, entzieht sich selbst den Boden, auf dem es steht. Oder mit Richard Sennett gesprochen: ein Regime, das den Menschen keinen tieferen Grund gibt, »sich umeinander zu kümmern, kann seine Legitimität nicht lange aufrechterhalten«. Im Schoß der vom neuen Kapitalismus rasant vorangetriebenen Entsolidarisierung der Gesellschaft schlummert ein ungeahnt starkes, soziales Konfliktpotential. Es beginnt soeben zu erwachen.

Richard Sennett, auch das ist inhaltlich und formal seinem Erzählton abzuhören, ist Cellist. Und wäre 1964 ein chirurgischer Eingriff an seiner linken Hand nicht missglückt, so dass er mit 21 Jahren Abschied nehmen musste vom Traum des Musikerlebens, träfen wir ihn heute im Konzertsaal an, ich vermute: eher als Solisten, denn als Orchestermusiker. Doch auch als Forscher und Schriftsteller ist er Cellist. Er beherrscht den Bogenstrich der Theorie ebenso, wie die durch lange und konsequente Übung erworbene Sensibilität der Finger auf dem Griffbrett der Erfahrung. Aus Theorie und Erfahrung aber entsteht für alle, die ihren Problemen und ihrem Scheitern nachzudenken vermögen, jene Lebensmelodie, die Sennett für notwendig hält, wenn das Leben als geglückt empfunden werden soll: eine zusammenhängende, in Krisen dauerhafte und im Konflikt mit sich selbst und anderen erprobte Lebenserzählung. Dass eine solche Erzählung sozial heilend wirken kann, gerade wenn sie das Scheitern und seine Gründe erkennt, ist für Sennett vor allem in einer Zeit von Bedeutung, in der es zwar möglich ist, »zusammenhängende Erzählungen über das, was war, zu schaffen, aber nicht länger möglich, kreative vorausschauende Entwürfe dessen, was sein wird«.

4. Der neue Kapitalismus

In Kommentaren zu der Finanzkrise, welche die Weltmärkte (und damit uns alle) derzeit erschüttert, werden immer wieder zwei moralische Kategorien bemüht: Gier und Dummheit der verantwortlichen Manager. Wenn es so einfach wäre, dann wäre die Krise bald bereinigt und wir müssten nicht mit immensen Staatsbürgschaften, die allein durch unsere Arbeitskraft gedeckt sind, gegen den Zusammenbruch auch der Realwirtschaft vorsorgen. Wer inmitten der Krise zwei Bücher von Richard Sennett liest oder wiederliest, das Buch *Der flexible Mensch* (1998) und dessen Fortsetzung über *Die Kultur des neuen Kapitalismus* (2005), wird erstaunt sein über die visionäre Kraft, die diese Bücher ausstrahlen. Nach der hier gegebenen trennscharfen Beschreibung des »flexiblen Kapitalismus« und seiner Folgen für das soziale und das familiäre Leben war die Katastrophe vorherzusehen. Dies alles konnte nicht anders als im Zusammenbruch eines Systems enden, das sich von den realwirtschaftlichen Kreisläufen gelöst und die Entsolidarisierung der Gesellschaft bewusst und planvoll vorangetrieben hat. Aber die Kategorien, mit denen die neokapitalistischen Gesellschaften nach dem Ende der zweipoligen Welt hier beschrieben werden, sind nicht moralischer, sondern analytischer Art: Zeit und Erfahrung. Die Netzwerke, die allerorten Gemeinschaften, Vereine und soziale Gruppierungen abgelöst haben, sind weit unverbindlicher als alle bisher gekannten Bindungen. Die kurzfristige und die schwache Bindung dominiert in den Netzwerken und wer loyal sein will zu seinen Arbeitskollegen, zu seiner Firma, seiner Institution kann leicht in die Falle tappen. Denn es herrscht das System des »up or out«, das System der Monatsbilanzen, das den Egoismus belohnt und Altruismus (von Mitleid und Barmherzigkeit gar nicht zu reden) bestraft. »Es ist die Zeitdimension des neuen Kapitalismus, mehr als die High-Tech-Daten oder der globale Markt«, schreibt Sennett, »die das Gefühlsleben der Menschen außerhalb des Arbeitsplatzes am tiefsten berührt. Auf die Familie übertragen bedeuten diese Werte einer flexiblen Gesellschaft: bleib in Bewegung, geh keine Bindungen ein und bring keine Opfer!« In einem derart desorganisierten Zeitregime, in dem Flexibilität, das heißt Anpassungsfähigkeit an die Zuckungen des Marktes, die einzig erfolgversprechende Tugend ist, wird vor allem das entwertet, was zu allen Zeiten der Geschichte (auch in der Geschichte der Arbeit) als ein Wert gegolten hat und hoch geachtet wurde: die Erfahrung. Die Lebenserfahrung und die institutionelle Erfahrung älterer Arbeitnehmer (und »älter« bedeutet hier ein Lebensalter jenseits der Grenze von etwa 55 Jahren) ist aus unseren Betrieben, den Firmen und den Büros mit System und Leidenschaft eliminiert worden. Es ist angeblich billiger, einen jungen und formbaren Mitarbeiter einzustellen und den älteren zu entlassen, als in die Weiterqualifikation des älteren Mitarbeiters zu investieren. Der jüngere Mitarbeiter muss sich die Ansprüche, die der ältere schon hat, erst noch erwerben und wartet – aufgrund seiner anderen Sozialisation – nicht auf das, was man die Fürsorgepflicht der Institution für ihre Mitarbeiter nennen könnte. Mit der Erfahrung also wird zugleich die Verantwortung (die nur gegenseitig zu denken ist) eliminiert, vielleicht auch die Autorität, nicht aber die Macht. Denn in den flachen Hierarchien der Netzwerke, im Umkreis angeblicher Moderatoren und Prozessmanager, wird Macht härter und kälter ausgeübt, als in den streng gegliederten Hierarchien des Industriezeitalters. Macht war einst sichtbar gepaart mit Verantwortung. In den Netzwerken aber wird Verantwortung auf das Team delegiert und Macht in der Menge versteckt. »Jene, die die Macht haben, der Verantwortung auszuweichen«, ist bei Richard Sennett zu lesen, »haben auch die Mittel, jeden Widerspruch zu ersticken. Sie tun das, indem sie die Macht der ›Stimme‹ der älteren Mitarbeiter, wie Albert Hirschmann das nennt, unterdrücken. Sie verwandeln die Stimme der Erfahrung in ein negatives Zeichen des Alterns.« Dass die »handwerkliche Sorgfalt«, die ruhige und sorgsame

Einübung von Fähigkeiten (im Tun und im Denken), vielleicht sogar die Anpassung der Wettbewerbszeiten an die Zeiten des Irrtums, ein individuell und sozial gleichermaßen wirkendes, strukturelles Heilmittel für die aufgeregte Moderne sein könnten, hat Richard Sennett in seinem Buch *Handwerk* beschrieben. Er hat es als den ersten Band einer Trilogie bezeichnet, deren geplante weitere Bände überschrieben sind *Warriors and Priests* und *The Foreigner*. Für den ersten Band der Trilogie aber (und damit für hier und heute) gilt, was der letzte Satz aus dem Essay über *Die Kultur des neuen Kapitalismus* zu prophezeien wagt, der die anstehende Wandlung in der Natur des Menschen verankert sieht: »Da die Menschen nur dann sicheren Halt in ihrem Leben finden können, wenn sie versuchen, etwas um seiner selbst willen gut zu tun, erscheint mir der Triumph der Oberflächlichkeit in Arbeit, Schule und Politik sehr zweifelhaft. Und vielleicht wird die Revolte gegen diese entkräftete Kultur die nächste neue Seite der Geschichte sein, die wir aufschlagen müssen.«

* * *

Ich habe versucht, in wenigen Strichen vor allem den Zeitkritiker Richard Sennett vorzustellen, ohne mich dabei der Klischees von »links« oder »rechts«, von »konservativ« oder »liberal« zu bedienen. Ich habe versucht, ihn so vorzustellen, dass Sie, meine Damen und Herren, selbst angeregt werden, seine Bücher zu lesen. Dabei bin ich mir bewusst, dass ich große Teile und Themenstränge dieses Werkes ausgespart habe, zum Beispiel die breit angelegte Urbanologie, die Beschreibung des Lebens in der alten Stadt und in der modernen Großstadt, das Verhältnis von Körper und Architektur, den Verfall und das Ende des öffentlichen Lebens (in seinem vielleicht noch immer bekanntesten Buch über *Die Tyrannei der Intimität*, das in deutscher Sprache zuerst 1983 erschienen ist). Da es sich um einen Wissenschaftspreis handelt, den wir heute verleihen, habe ich auch darauf verzichtet, intensiver auf Richard Sennett als einen Verteidiger demokratischer Rechte und Freiheiten im Zeitalter der Globalisierung einzugehen. Schließlich hat er öffentlich den in Guantánamo geschehenden Rechtsbruch verurteilt und – zusammen mit seiner Frau Saskia Sassen – den Sicherheitswahn auch deutscher Behörden, aus Anlass der Verhaftung von Andrej Holm, in einem offenen Brief kritisiert. Ausgespart habe ich schließlich die lange Reihe internationaler Ehrungen, die er erhalten hat. Sie sind im Internet leicht nachzulesen. Mir kam es darauf an, einen Forscher und einen Schriftsteller zu charakterisieren, der den Moden und dem Schönheitsbluff des Tages widersteht und eine antike Gottheit, den »klumpfüßigen Hephaistos – mit seinem Stolz auf die eigene Arbeit und auch auf sich selbst – [für] die würdigste Gestalt [hält], die wir werden können«.

Ich gratuliere Ihnen, lieber Richard Sennett, zum Gerda Henkel Preis 2008 und danke Ihnen, dass Sie den Preis angenommen haben. Ich gratuliere der Gerda Henkel Stiftung zu dem Glück und dem Mut, gerade diesen Preisträger gefunden und ausgewählt zu haben.

Hinweise

Zitiert werden u.a. folgende Texte und Studien: Richard Sennett: Verfall und Ende des öffentlichen Lebens. Die Tyrannei der Intimität. Frankfurt am Main 1983 (englisch unter dem Titel: *The Fall of Public Man*, 1974/77); ders.: Der flexible Mensch. Die Kultur des neuen Kapitalismus. Berlin 1998 (englisch unter dem Titel: *The Corrosion of Character*, 1998); ders.: Respekt im Zeitalter der Ungleichheit. Berlin 2002 (englisch unter dem Titel: *Respect in a World of Inequality*, 2002); ders.: Die Kultur des neuen Kapitalismus. Berlin 2005 (englisch unter dem Titel: *The Culture of the New Capitalism*, 2005); ders.: Handwerk. Berlin 2008 (englisch unter dem Titel: *The Craftsman*, 2008); ders.: »Ich bin eben unmodisch. Leider!« Gespräch mit Susanne Lang und Jan Feddersen in der *taz* am 5. Januar 2008; ders.: »Amerika befindet sich im Niedergang«. Gespräch mit Nikolaus Piper in der *Süddeutschen Zeitung* am 13./14. September 2008; Saskia Sassen und Richard Sennett: Das Verbrechen der Soziologie. In: *taz*, 22. August 2007 (Internetfassung); Jürgen Raab: Sennett, Richard. In: Bernd Lutz (Hg.): Metzler Philosophen Lexikon. Von den Vorsokratikern bis zu den Neuen Philosophen. Dritte, aktualisierte und erweiterte Auflage. Stuttgart und Weimar 2003, S. 667–669; Sven Opitz: Richard Sennett: Das Spiel der Gesellschaft – Öffentlichkeit, Urbanität und Flexibilität. In: Stephan Moebius und Dirk Quadflieg (Hg.): Kultur. Theorien der Gegenwart. Wiesbaden 2006, S. 282–296; Manfred Prisching: Die Bluffgesellschaft. In: Lichtungen. Zeitschrift für Literatur, Kunst und Zeitkritik 113/XXIX. Jg., 2008, S. 93–101.

In honor of Richard Sennett

Prof. Wolfgang Frühwald

1. Enlightenment

Anyone attempting to summarize in a single sentence the quintessence of Richard Sennett's decidedly varied oeuvre faces competition from several esteemed sociologists hailing from various places. With Konstanz-based sociologist Jürgen Raab, for instance, who in 2003 identified »the problem of social inequality as has arisen on the threshold to Modernity« as the overriding topic of Sennett's work or with Basle sociologist Sven Opitz, who repeated the attempt in 2006 under the heading of *The Game of Society* and reduced the common theme to the following: »To unleash peoples' capabilities a social order must be established within which the individual can, despite his uniqueness, anchor himself socially, and consequently engage with strangers.« Yet in particular, the attempt has to compete with Richard Sennett himself, whose research area is the working world and who in the process occasionally himself makes use of such succinct phrases. If I were to choose what I consider the most characteristic of all I would opt for the one from his book *The Craftsman* published in 2008. It reads: »We want to recover something of the spirit of the Enlightenment on terms appropriate for our time.« And indeed, here we have a philosopher of the Enlightenment in the best sense of the word. He cites, amongst other sources, Diderot, Voltaire, Moses Mendelssohn and Friedrich Schiller, and refers to Kant's famous definition from the *Berlinische Monatsschrift* (1784): »Enlightenment is mankind's exit from its self-incurred *immaturity*. Immaturity is the inability to make use of one's own understanding without the guidance of another. *Self-incurred* is this inability, if its cause lies not in the lack of understanding but rather in the lack of resolution and the courage to use it without the guidance of

RDA HENKEL PREIS 20

another. Sapere aude! Have the courage to use your own understanding! is thus the motto of enlightenment.« Translated into the language of our time in the spirit of Richard Sennett this motto can be expressed tersely as: »Take your life into your own hands!« While he shares the Enlightenment passion for thinking and its skeptical cultural critique Sennett is also aware that thinking that severs links with man's physical being and senses can assume demonic-irrational traits and may lead to such excesses of reason as were manifested during Robespierre's reign of terror during the French Revolution. This is why theory in his philosophy is not separated from our everyday experiences but is derived from practice, in other words, from our actions and a reflection on everyday life. His trust in the power of acting reason, his confidence that we can expect the application of such reason to move morals forward and decisively uplift humanity – Richard Sennett places all of this in the traditional chain of enlightened thinking.

As such, his criticism of the ever faster pace at which we experience change so typical of modernization, his criticism of the growing social inequality and the destructive potential of the new »flexible capitalism« are by no means lachrymose and are free of some mystification of previous social forms so often encountered in criticism of the present. In an interview with the *Süddeutsche Zeitung* in September 2008 on the consequences of the global financial crisis Richard Sennett expressed the view that Europe would master the impact better than the United States. In response to the reporter's incredulity he retorted with the question: »Do you know what strikes me about the Germans and the Scandinavians? They really enjoy complaining, they are incapable of saying: Hey, we did a pretty good job.« In the same interview he rejected the thoughtless European search for a model in the structures of US market liberalism, and instead recommended »parts of the German social welfare state« as a model for the United States. It is a long time since we have heard such a voice in Germany. It is free of the hackneyed criticism of the »American way of life« that has flared up repeatedly in Europe in various places and in various countries since the end of World War II. It is *not* free of critical tones vis-à-vis self-destructive consumption patterns in the United States or vis-à-vis the lack of provisions for the future, which is expressed in the lower status accorded schools and in the lack of interest shown by large American firms in upgrading their employees' qualifications. Deep insecurity about the future of jobs has already gripped large sections of the population in the United States (and meanwhile in Europe, too). Richard Sennett said that people were aware of the crisis but they »don't have a name for it«.

2. Neo-Pragmatism

This thought-provoking, committed diagnostician of our times places himself in a genuinely North American philosophical tradition, in the second wave of philosophical pragmatism. As is well known, it was founded in the 19th century by Charles Sanders Peirce and in contrast to German idealism it entails finding »the keys to human cognition in everyday, small acts«. Sennett aside, the second wave of this pragmatism (after a break of some two generations), or so he says, includes Erfurt-based sociologist Hans Joas, »a school of young pragmatics in Denmark« not to mention Americans Richard Rorty and Richard Bernstein. Sennett's book *The Craftsman* reflects the spirit and thinking of this philosophical school. Richard Sennett graphically describes how raising children is also a »craft« that can be executed well or badly, that thinking is also an activity which you can perform carelessly or with care. In doing so and drawing on a wealth of examples from all walks of life, with a deep and broad excursion into history (including the history of his own family), his train of thought outlines the term »experience«. In English, the word covers a wide range of meanings, and in contrast to German the concept of physical *and* mental involvement are constantly engaged in a process of reciprocal control and adaptation. Sennett even suggests that »the capacities our bodies have to shape physical things are the same capacities we draw on in social relations«. However, this implies that the ethical implications of our actions must not be added retrospectively, but must instead be integrated into the working and thinking process. »[I]t contests after-the-fact ethics«, Sennett says when describing neo-pragmatism, »ethical enquiry beginning only after facts on the ground are fixed.« This goes for baking bread but equally for the repair of gas pipes, for microbiology as it does for cosmology, for nanotechnology, stem cell research, the construction of biocomputers and all the technical fantasies and visions of our automated worlds. Since human thought and action have penetrated into areas where errors have an immediate and direct impact on the life and property of a very large number of people it is crucial within the close confines of competition for new knowledge and new products to create scope for potential errors and their correction. This in turn means we need to create space in our lives again for slowness or rather for consideration and reflection. Over one and a half centuries ago, Goethe referred to the vortex of time in which young people are caught up and carried away much too early with the result that they »are only concerned in vying with each other, overeducating themselves and consequently remain stuck in mediocrity« using a word derived from the mail coaches of his time, the »velociferi«, to talk of a »velociferic« culture. It brings with it shallowness, listlessness, a lack of concentration and ultimately deceit. Graz sociologist Manfred Prisching recently spoke of the »bluff society« citing Richard Sennett's book *The Corrosion of Character* (1998). He is referring to our society, infiltrated as it is by cosmetic surgery of every kind, a society in which visibility is everything but achievement counts for little. In the social game that is initiated here what is created, according to Prisching, is »a world of simulations, a mirrored gallery of self-deception and deception of others, in which the real suffers from consumption«. In this manner even the bluff is presented as an achievement. You avail yourself of it without shame or a guilty conscience, and uncovering it does not earn contempt but rather public praise. In a society that is constantly overtaking itself it is deemed unproductive to allow time for maturity, consideration or reflection. Yet as Richard Sennett reminds us, human skills need time if they are to ripen and develop: »The slowness of craft time serves as a source of satisfaction; practice beds in, making the skill one's own. Slow craft time also enables the work of reflection and imagination – which the push for quick results cannot.« You could thus deduce that what we need today is to replace bluff with achievement; this would bring us to the roots of the social crisis.

3. The Sennett tone

A reason for the fact that Richard Sennett's books have been so successful well beyond the realm of sociology proper is to be found in his style of writing. There is a Sennett tone in today's sociological, socio-philosophical literature. The master of scholarly essays deploys it to forge a link »between the extremes of concrete experience and social theory«. His style is a blend of experience and theory, and in applying »experience« he has no qualms about drawing on *personal* experiences from his own biography. On the contrary, the »bitter, radical past« of his own family serves as the sour dough that »gives rise to« the more comprehensive history of society in Sennett's work: The story of his eccentric grandfather, who might have invented the workings of the telephone answer machine but never bothered to get a patent for it; the story of his impoverished mother, who initially lived with her son in Cabrini Green, a famous and later notorious social estate in Chicago before she began her career as a social worker; the story of a father given to dreaming and the hot-headed uncle, both of whom fought in the Spanish Civil War on the side of the Republic until their ideals were betrayed by Stalin. In 1939, the Hitler-Stalin Pact sealed the disappointment of numerous idealistic supporters of Communism. »So it was for my father, whose personal life came unstrung«, reports Sennett in *Respect in a World of Inequality*, his book published in 2002. »In an effort to hold their marriage together my parents conceived me, and as so often happens in such cases, my birth proved the end of their marriage. My father fled when I was a few months old – I never met him – and my mother was financially down on her luck.« This is the Sennett tone, a *seemingly* light narrative tone that comes across with a certain ironic detachment, but which reports about grave conflicts and material distress, which speaks of poverty and social decline, the struggles of a single mother to secure a dignified existence for herself and her child. This implies consequences for the criticism of contemporary social forms. Life is lived moving forwards and understood in retrospect. As a child Richard Sennett and his mother left Cabrini Green. In his book *Respect in a World of Inequality* he tries to return there.

It is on the basis of such stories that Sennett draws conclusions about the structure of social change in the modern age. »If change occurs,« he says, »it happens on the ground, between persons speaking out of inner need, rather than through mass uprisings.« This is why on several occasions he cites the remark so characteristic of the structure of »flexible capitalism« and which represents a deep intrusion into the character of the individual – it was made by a business consultant who helped manage the staff cuts at IBM and claimed that people were only »marketable« once they had grasped that they could *not* rely on the company for which they work. The regime characterized by such thinking, and it is one of a market that has become totalitarian and in which human beings are needed and spent as material resources with all their organs and cells, deprives itself of its very own foundations. Or as Richard Sennett puts it: a regime which provides human beings no deep reasons »to care about one another, cannot long preserve its legitimacy«. At the heart of the de-solidarization of a society driven on at meteoric speed by new capitalism there slumbers an incredibly strong potential for social conflict. It is just beginning to awaken.

Something else you can hear in Richard Sennett's narrative tone – both formally and as regards content – is the fact that he is a cellist. And if in 1964 surgery on his left hand had not been a failure obliging him at the age of 21 to abandon his dream of becoming a musician we would doubtless encounter him today in a concert hall, I imagine more as a soloist than the member of an orchestra. Yet even as a scholar and writer he remains a cellist. He masters the bowing of theory but equally the sensitivity of the fingers on the fingerboard of experience thanks to long, disciplined practice. For all those who are capable of reflecting on their problems and their failures, theory and experience give rise to that melody of life, which Sennett considers necessary if life is to be experienced as successful: a coherent life narrative enduring crises and tested in conflict with oneself and others. The fact that such a narrative might be socially healing precisely when it recognizes the failures and the reasons for them is above all of importance to Sennett in an age in which it is possible »to create coherent narratives about what has been, and no longer possible to create predictive narratives about what will be«.

4. New Capitalism

In comments on the financial crisis that is currently shaking the global markets (and consequently all of us) there is a persistent reference to two moral categories: greed, and the stupidity of the managers responsible. If things were that simple the crisis would soon be resolved and we would not have to bring immense government guarantees to bear that covered solely by our labor – in order to shore up the real economy. Anyone who in the midst of the crisis reads or re-reads the two books by Richard Sennett, namely *The Corrosion of Character* (1998) and its sequel *The Culture of the New Capitalism* (2005), will be astonished at the visionary power they possess. In light of the highly accurate description of »flexible capitalism« and its repercussions for social and family life the catastrophe was predictable. All of this could only end in the collapse of a system that had set itself off from the real economic cycles and has deliberately and systematically pushed ahead with the de-solidarization of society. But the categories used here to describe neo-capitalist societies after the end of the bi-polar world are not of a moral but of an analytical nature: time and experience. The networks that have replaced communities, associations and social groupings everywhere are much more non-committal than all previously known relationships. What dominates in networks is the short-term, weak bond and anyone who wants to be loyal to his work colleagues, his company, his institution can easily fall into a trap. After all, the system of »up or out« prevails, the system of monthly balance sheets that reward egoism and punish altruism (let alone sympathy and compassion). »It is the time dimension of the new capitalism, rather than high-tech data transmission, global stock markets, or free trade« writes Sennett, »which most directly affects people's emotional lives outside the workplace. Transposed to the family realm, ›No long term‹ means keep moving, don't commit yourself, and don't sacrifice.« In such a disorganized time regime, in which flexibility (in other words adaptability to the convulsions of the market) is the only promising virtue, what is above all devalued is what in all times of history (including the history of labor) was considered a virtue and was highly respected: experience. Life experience and the institutional experience of older employees (»older« here means above the age of say 55) has systematically and forcefully been routed out of our businesses, firms and offices. Supposedly, it is cheaper to hire a young and malleable employee and to dismiss the older one than to invest in qualifying the older staffer. The younger employee still has to acquire those standards the older one already has and thanks to a different socialization he does not expect what you might call the institution's obligation to take care of its staff. The elimination of experience likewise means the elimination of responsibility (to be seen as mutual), and perhaps also the loss of authority but not power. Indeed, in the flat hierarchies of networks, in the realm of alleged moderators and process managers, power is exercized more harshly and coldly than in the strictly structured hierarchies of the industrial age. Power was once visibly married with responsibility. But in networks, responsibility is delegated to the team and power is hidden in the crowd. As Richard Sennett argues: »Those who have the power to avoid responsibility have as well the means to repress dissent. They do so in repressing the power of ›voice‹, as Albert Hirschmann calls it, among older workers, transmuting the voice of experience into a negative sign of aging.« In his book *The Craftsman* Richard Sennett argues that »careful craftsmanship«, the calm and careful practice of skills (in thought and action), perhaps even adapting times of competition to times of error, may be a structural remedy that is both individually and socially effective for the turbulent modern age. He describes it as the first volume of a trilogy, the two other planned volumes being entitled *Warriors and Priests* and *The Foreigner*. However, for the first volume of the trilogy (and thus for here and now) what counts is what the final sentence from the essay on *The Culture of the New Capitalism* ventures to prophecy, which sees the changes we face as being anchored in human nature: »Since people can anchor themselves in life only by trying to do something well for its own sake, the triumph of superficiality at work, in schools, and in politics seems to me fragile. Perhaps, indeed, revolt against this enfeebled culture will constitute our next fresh page.«

* * *

I have tried with a few broad strokes to describe, more than anything else, Richard Sennett, the commentator on current issues, without resorting to the clichés of »left« or »right«, »conservative« or »liberal«. I have tried to present him so that you, my esteemed audience, will feel motivated to read his books. Yet I am aware that I have omitted large sections and thematic strands of his œuvre, for example, his wide-ranging urbanology, his description of life in the old town and in the modern city, the relationship of body and architecture, the demise and end of public life (in his perhaps most famous book to date on *The Fall of Public Man)*. Since the prize that is being awarded today is an academic prize I have desisted from talking more intensively about Richard Sennett as a defender of democratic rights and liberties in the age of globalization. After all, he publicly condemned the travesty of justice perpetrated in Guantánamo and – together with his wife Saskia Sassen – on the occasion of Andrej Holm's arrest criticized in an open letter the preoccupation with safety that is shared also by the German authorities. Finally, I have omitted to talk about the long series of international honors he has received. These can easily be read about in the internet. It was my intention to characterize a researcher and an author, who resists the current fashions and the bluff of beauty and considers an ancient god, the »clubfooted Hephaestus, proud of his work if not of himself, [to be] the most dignified person we can become«.

I congratulate you, dear Richard Sennett, on winning the Gerda Henkel Prize 2008 and thank you for accepting the award. I also congratulate the Gerda Henkel Foundation on its fortune and courage in having found and selected this person as the winner of the award.

References

The quotes are taken from the following texts and publications: Richard Sennett: The Fall of Public Man, (1974/77); id.: The Corrosion of Character, (1998); id.: Respect in a World of Inequality, (2002); id.: The Culture of the New Capitalism, (2005); id.: The Craftsman, (2008); id.: »Ich bin eben unmodisch. Leider!« Interview with Susanne Lang and Jan Feddersen, in: *taz*, January 5, 2008; id.: »Amerika befindet sich im Niedergang«. Interview with Nikolaus Piper, in: *Süddeutsche Zeitung*, September 13/14, 2008; Saskia Sassen and Richard Sennett: »Das Verbrechen der Soziologie«, in: *taz*, August 22, 2007 (internet version). Jürgen Raab: Sennett, Richard, in: Bernd Lutz (ed.): Metzler Philosophen Lexikon. Von den Vorsokratikern bis zu den Neuen Philosophen. Third, updated and expanded edition. (Stuttgart and Weimar, 2003), pp. 667–669; Sven Opitz: Richard Sennett: Das Spiel der Gesellschaft – Öffentlichkeit, Urbanität und Flexibilität, in: Stephan Moebius and Dirk Quadflieg (ed.): Kultur. Theorien der Gegenwart. (Wiesbaden, 2006), pp. 282–296; Manfred Prisching: Die Bluffgesellschaft, in: Lichtungen. Zeitschrift für Literatur, Kunst und Zeitkritik 113/XXIX, vol. 2008, pp. 93–101.

Der Gerda Henkel Preis zeichnet Forscherinnen und Forscher für ihre herausragenden wissenschaftlichen Leistungen aus. Er wird in zweijährigem Turnus an exzellente und international anerkannte Wissenschaftlerinnen und Wissenschaftler verliehen, die in einer von der Stiftung geförderten Disziplin der Historischen Geisteswissenschaften besondere Forschungsleistungen erzielt haben und mit ihren Arbeiten prägend auf die Wahrnehmung der Gegenwart und Gestaltung der Zukunft wirken. Der Gerda Henkel Preis ist mit 100 000 Euro dotiert.
Das Kuratorium der Gerda Henkel Stiftung hat am 13. Juni 2008 nach Vorauswahl durch eine unabhängige Jury beschlossen, den Internationalen Forschungspreis der Gerda Henkel Stiftung 2008 an

Herrn Prof. Dr. Richard Sennett, London/New York

in Anerkennung seiner herausragenden wissenschaftlichen Leistungen auf den Gebieten der Soziologie und Kulturgeschichte zu vergeben.

Mit Richard Sennett ehrt die Gerda Henkel Stiftung eine der bedeutenden geistigen Leitfiguren der Gegenwart. In seinen vielgelesenen Büchern überschreitet er mühelos die Fachgrenzen der geisteswissenschaftlichen Disziplinen, insbesondere von Soziologie und Geschichte, Psychologie und Philosophie. Seine stupenden Kenntnisse und sein theoretischer Sinn zeigen den Wissenschaftler, doch erweisen Lebenserfahrung, Temperament und Stil ihn auch als Künstler.

Düsseldorf, 10. November 2008

Julia Schulz-Dornburg
Vorsitzende des Kuratoriums

Prof. Dr. Lord Ralf Dahrendorf
Vorsitzender der Jury

The Gerda Henkel Prize is awarded to researchers for outstanding scholarly achievement. It is bestowed every other year upon excellent and internationally recognized scholars who have made special achievements in research in one of the historical humanities disciplines supported by the Foundation and who, with their work, influence how we perceive the present and shape the future. The Gerda Henkel Prize is worth EUR 100 000.
On June 13, 2008, the Board of Trustees of the Gerda Henkel Foundation decided, following a preliminary selection by an independent jury, to award the Gerda Henkel Foundation International Research Prize 2008 to

Prof. Richard Sennett, London/New York,

in recognition of his outstanding scholarly achievements in the field of sociology and cultural history.

In the person of Richard Sennett, the Gerda Henkel Foundation honors an important intellectual leader of the present. In his oft-read books, he effortlessly crosses the boundaries between specialist humanities disciplines, especially between sociology and history, psychology and philosophy. His astounding knowledge and theoretical mind show the scholar, while experience of life, spirit and style reveal the artist in him.

Düsseldorf, November 10, 2008

Julia Schulz-Dornburg
Chair of the Board of Trustees

Lord Ralf Dahrendorf
Chair of the jury

GERDA HENKEL PREIS

GERDA HENKEL PREIS

GERDA HENKEL PREIS

Richard Sennett

How I write: Sociology as Literature

The Gerda Henkel Foundation has very kindly awarded me its prize in 2008 for my life work, but it's hard for me to respond by summarizing what I have done, and if old age spares me, what work I will continue to do. Two subjects have in the past oriented my research: work and place. I've wanted to know how people labor and how they make a home. To find out about both, I've preferred talking to workers and city-dwellers directly, face-to-face, and when I could not, using first-person historical accounts. But I have founded no school of thought.

Part of the reason for this lies no doubt in the circumstances of my own biography. I was born into the peculiar milieu of communists and ex-communists trying to survive the persecutions of McCarthyism in America in the 1950s, but also engaged in cut-throat sectarian war against each other; for the sake of defending an ideological position Stalinists and ex-Stalinists sometimes betrayed one other to the police. These incestuous arguments and self-purges of this extreme Left, though never more than a microscopic event in American society, inspired in me a life-long anger at dogma, and by extension a distaste for the very idea of a school of thought – as a fortress of ideas in which a king idea or thinker dwells, a fortress to be defended and from which apostates are to be expelled.

I became an intellectual by accident, only after a hand injury had put an end to the career I had intended as a cellist. I was a decade behind classmates at university in my reading; by necessity I had to obey Roland Barthes' rule, »read little but read closely.« I innocently believed that culture is a unity and that to understand a culture requires combining ideas from sociology, history, and philosophy. But like Rossini's thieving magpie I took up ideas as they came to hand, assuming somewhat unself-consciously they would cohere. For this, I paid a price.

Unlike the entirely benign school of thought founded by my friend Norbert Elias, in my early years I lack a method for sifting facts and ideas. And this is true of the philosophical tradition which has always guided me, that of pragmatism. In this tradition, method has a bad name. »Pragmatism« does not mean »practical« in the strict problem-solving sense. It focuses rather on lived experience, »Erlebnis« as I think you would say in German; for the sake of being open to new experience, pragmatism dwells less on strategic practice, which perhaps is better expressed in German as »Erfahrung.« Because pragmatism values surprise and curiosity in lived experience, it emphasizes an openness and improvisation in understanding; for the sake of this openness, the rigor of a disciplined school of thought is sacrificed.

Your kind invitation tonight has prompted me to think about what I've put in place of dogma and rigor. I want to describe to you a way of practicing cultural analysis based on the belief that social science can and should be a form of literature. This conviction carries its own discipline. The discipline is more than writing clearly; its goal is to achieve that sense of lived experience, of »Erlebnis,« on the page.

In this talk, I want first to address the issue of why others who make discoveries in sociology, economics, or politics should care about literary practice. This is a matter of connecting to the public realm.

The public realm

From the time of Montaigne to roughly that of Tocqueville, it would have been taken for granted that an analyst of social life should be committed to the craft of writing. Largely, this was because early modern society had a verbal blind-spot. Encased in rigid, fading social categories of hereditary station, the dynamism and energy of a more modern social order were difficult to describe, even to name. European conquerors of foreign lands like the conquistador de Las Casas had to strain to describe the unexpected complexity and richness of the people whose lives the conquerors were destroying; in a later time, at home, Montesquieu needed to employ the resources of allegory in *The Persian Letters* to shock his fellow Parisians into an awareness of the localness and limits of European culture. In the »dismal science,« Adam Smith needed great verbal gifts to make his contemporaries aware of the power of the markets which were coming to rule their lives. Tocqueville's *Democracy in America* is laid out quite consciously, I think, on the model of Homer's *Odyssey*, a voyage into the foreign land of equality.

The literary powers of all these writers thus aroused in their readers a sense of »the social« as a problematic category, the writing made a disturbing gift of consciousness. Which is to say that the very strengths of their writing helped itself to create a public realm, as Hannah Arendt conceived it, a realm of shared, collective intelligence.

Today, many social scientists are menaced by exclusion from this public realm, due to their feeble powers of expression. This feebleness is not simply a personal failing. The history of academic institutions seeking to protect their freedom, the specialization and bureaucratization of knowledge, are general sources of intellectual isolation; the feebleness of shared intelligence is but one tangible result. The depth of what researchers know becomes incommunicable, due to a lack of expressive tools; the public is left with the husks, the surfaces of knowledge.

All writing is political just in the way a writer relates to readers. I've noted with dismay that when social scientists attempt to address the general public, they tend to survey and to simplify; that is, to talk down; that is, to condescend. The reader is excluded from being a critical partner in the writer's own thinking – whereas de Las Casas, Montesquieu, and Tocqueville treated their readers more as equals. The politics of talking down to the reader evinces also an error in the understanding of writing itself.

People who commit this error may imagine they can know before they write; they will gather their data and their thoughts and then, as the English phrase has it, »write up« the results, displaying to others what they have already thought through. Whereas the act of writing should be a laboratory, a workshop, for thinking, not an after-the-fact presentation. When we try to write expressively about society, so that others are aroused, are moved, by what we write, we encounter a very special set of analytic problems.

I want next, therefore, to talk about the craft of social writing. What I'm going to describe to you are issues drawn from my own experience – I certainly would not hold myself up as a shining example of writing well, and certainly there are many other solutions to the problems of expressive writing than those I've found. But the problems themselves, I would claim, are generic to socially minded literature.

Craft

I'd like to lay out to you four challenges I've faced in my writer's atelier: these concern issues of authorial voice, narrative, arousal, and generalization. A novelist or playwright has also to deal with this quartet; they are fundamental properties of literature. The writer of non-fiction has to address them in special ways.

a) Voice

»Voice« names who is speaking to the reader. In literature voice is recognized most simply by the use of »I« or »we;« the third person voice, in the hands of a great novelist like Flaubert, makes the author's presence felt in every word on the page without the author ever speaking personally to the reader. In non-fiction writing, handling the issue of voice is a tricky and often frustrating challenge.

Say the writer wants to bring to life on the page the experience of a capable woman working for an incompetent male boss, the sort of boss who takes three-hour lunches leaving her to deal in the meantime with all the tough problems at the office. To make literature of this situation, the writer is going to have to do more than just enumerate circumstances of the sort I've just named. The writer will have to probe what »incompetence« means to the long-suffering worker, that is, give her a voice. The writer could simply quote her complaints. But illustrative quotation is a static, dull procedure; in fiction, individuals portrayed simply as an instance of a category, like »The Suffering Worker,« are dead characters, and this is true of non-fiction as well. The writer wants to enter into the rounded, distinctive life of another person, which requires giving that person an *interpretative* voice, struggling to make sense of his or her circumstances.

A thorny social issue lurks in this literary effort. In the 19th Century, Wilhelm Dilthey first called for social science to enter the terrain of how people act as their own interpreters, rather than the social scientist doing the analysis interpretation for them; this is the domain, in Dilthey's words, of »Verstehen.« A humanist, he believed people are competent interpreters of their lives; he rejected in particular the idea of a stupid lumpenproletariat. More, Dilthey was convinced that empathy on the part of the researcher would open the gates to understanding; empathy for the oppressed would beget insight about how they think, feel, and act. In his view, then, personal character rather than craft is what counts. In the kind of research I do, based on interviews and first-person historical accounts, the matter has proved more vexing.

Early on in my career, I studied the lives of American white working-class adults and adolescents; many were and still remain hard-core racists; these views are repugnant to me. More recently, I have studied engineers and computer programmers; their technical passions are largely impenetrable to me. Sheer emotional empathy or mental identification in these cases cannot alone suffice. In the field, I am a rather combative interviewer, arguing with racist interviewees, challenging engineers to justify why a technique or procedure matters; arguing conveys that I take them seriously, which in fact I do. This translates directly to the act of writing. Someone who shares my working practice will want to make use of a fictional »as if« – reporting what he or she has been told as if the writer were also racist or a technician – and then step out of that »as if,« judging or posing naive questions. The writing which results should convey a doubling of perspective; on the page, there should be more than one active, interpretative voice.

Which is a craft.

b) Narrative

The subject of narrative waves a big warning flag about considering social science as literature. Whereas the novelist is wholly in control of events, the social writer is not. This truism has a more particular application. Action in a novel accumulates. This is obvious in the classic, well-made novel embodied, by George Eliot's *Middlemarch* or Thomas Mann's *Buddenbrooks*; in these narratives each event, each act prepares for what comes next, the progress of events loads the incidents of action moving forward. Accumulation operates also in more modern novels like James Joyce's *Ulysses* or the works of Thomas Bernhard; you need to read these books through to the end to make sense of their fragments.

Life histories and collective history do not possess this literary property. Individual life-histories are often incoherent, a jig-saw of parts which do not fit together; collective histories may not accumulate in value. To give you an example of each: Many of the workers I've interviewed in the new economy have short-term jobs rather than long-term careers, obliged to change what they do and where they do it by global forces beyond their control. Though they work very hard they lack a coherent narrative about the work itself. Lack of accumulated meaning is something I noted most recently in interviewing go-go financial managers in New York; the collapse of firms like Long-Term Capital Management a decade ago or the bursting of the dot-com bubble a few years after has made little impress on these managers, their behavior has not been conditioned by prior disasters – the collective history did not accumulate in value.

Faced with such incoherence, the social writer might want to chronicle its moments but not impose a narrative upon the mess. But this would be to do social reality a disservice. Human beings think in stories in order to understand cause and effect, that is, to give action value in terms of its consequences. Moreover, in everyday narratives can help people think strategically, by projecting different outcomes about an action we might now undertake. Strategic projection requires imagination not of one certain outcome but of many possible scenarios. Without narrative as a tool, social understanding radically diminishes.

When, as in modern capitalism, people are deprived of a guiding narrative, the writer's task is to identify and analyze these absences, to understand why a worker who has been fired or an investor who is ruined cannot connect his or her past, present, and future. This task produces a peculiar narrative of its own, a story marked by gaps and omissions; the writer intrudes a narrative by telling what's missing. In fiction, narratives of absence have marked the writings of Borges, Bernhard, and Calvino. Today, these literary tools can help us make sense of a time-fractured political economy.

In sum, a narrative differs from a history. The writer imposes consequent time. Silences or omissions in the speaking voices of subjects become themselves part of the story. This too requires craft.

c) Arousal

The editor of the *New York Review of Books* once said to me, in rejecting an essay I'd written on Linux, the open-source computer code, »I'm sure what you say is correct, but it just doesn't interest me.« It's easy to believe that the sheer importance of a subject will arouse readers, if not editors. Open source is, after all, the future of computing. But there is no necessary connection between important and interesting. Sometimes writers respond to this dilemma by over-dramatizing an issue to engage others; they are prone to employ that much-abused word »crisis« to seize attention. If everything is a crisis, though, the word loses any meaning. So we have to grapple in fundamental ways with the nature of stimulation and arousal.

My starting point is that curiosity and surprise are much longer lasting stimuli than dread and fear. »Crisis« calls attention to a subject, but curiosity takes the reader inside a book. There are two methods available to the social writer for stimulating curiosity.

The classic psychological studies of curiosity revolve around the experience of »cognitive dissonance,« a condition in which there are contradictory rules and rewards for behavior; caught in this double bind, humans – like rats in the psychologist's laboratory – will pay close attention to their immediate circumstances, seeking to work out the puzzle; curiosity is engaged. On the page, the presence of differing, dissonant voices which I described earlier has the same effect. When we use the word »texture« to describe a piece of writing, we mean, I think, to invoke just this verbal layering of differences.

What psychological research on cognitive dissonance reveals is that humans, or rats, caught in contradictions do not go into a state of crisis, they do not go berserk; instead, they live with the contraction by focusing on particular behaviors, seeking to manage these within the confines of a larger situation they cannot resolve. In writing, we want to achieve the same kind of focus, setting up contradiction or dissonance in order to focus the reader on significant detail. Thus, in writing up interviewing notes, I include bodily gestures or tones of voice as part of my data, since these are frequently ironic or distancing commentaries on the actual words themselves; the dissonance established between a shrug of the shoulders and a declaration of principle makes the reader pay attention, just as it had aroused me in the interview.

Another practice which stimulates curiosity revolves around tacit knowledge, the assumptions we take for granted, the behaviors we practice un-selfconsciously. The social writer will work with these taken-for-granteds, gradually surfacing them to the reader's consciousness by a process of mutation, changing »what everyone knows« step-by-step so that appears increasingly strange and provoking. Thus, when writing *The Fall of Public Man*, I explored the hand-shake, a seemingly mundane form of public greeting, connecting it in the 18th Century to other bodily gestures of addressing strangers, then to habits of speaking in taverns and coffee-houses. My reader, I hope, became more aware and more curious about the meaning of shaking hands as it became connected to hugging, kissing, and to verbal salutes. This procedure of arousing the reader's interest also gave something to me: I became able to see the public realm as a realm of sensate, physical experience.

In place of dramatization, then, the socially minded writer wants to use techniques of cognitive dissonance and permutation to arouse interest in his or her subject. Again there is a politics implicit in the writing. The language of crisis is cousin to the manifesto, to the pronouncement; the languages of cognitive dissonance and permutation are quieter; closer to everyday life, they invite the reader to engage rather than to agree.

Of course I do not mean to imply we should always prefer the quiet politics of writing; dramatizing is a necessary tool in any writer's craft – I mean only that this tool should be handled with great care. Michel Foucault does so, for instance, at the opening of *Discipline and Punish*, in describing the execution of Damiens, the would-be killer of Louis XV. The circumstances of Damiens' torture are grisly and dramatic; Foucault's art lies in connecting, by permutating suggestions, elements in this scene to events and ideas which have nothing to do with an execution.

I hope I have persuaded you by now that writing is something more than simply the means to an end. But what then is the inner purpose of voicing, narrating, and stimulating curiosity?

d) Generalization

This leads me to the fourth element of social literature, its address to the problem of generalization. The practices of social literature I've so far described to you dwell on individuals and particulars. It would be perfectly correct to assert that, no matter how engaging, such experiences can make no claim to represent general social conditions. The critic will turn my own words against me: no one human being represents a social category.

Great fiction wants to commit, however, just this mistake. The novels of Balzac and Proust invite the reader to make a metaphor of political corruption out of Vautrin's crimes, to read into Baron de Charlus's posturing the decline of an entire aristocratic class. We can't help ourselves from accepting the invitation to generalize. The American pragmatist C.S. Peirce offers one explanation why: categories of any sort are mental constructs; social categories are particularly fragile mental constructs, since a category composed of a million people is based in any one person's consciousness on insufficient information; to construct a social category, we have therefore, and necessarily, to make a leap of what Peirce calls »radical induction,« from lived experience to experiences we could not have. Symbols make the leap of radical induction for us, be these symbols social statistics or the characters and events in literature.

Still, Peirce's precept doesn't explain what the writer might do to make personal experience resonate symbolically. In creative literature, radical induction may seem no less than an unfathomable secret of great art. In social writing, I believe concrete steps can be taken to induce radical induction, or at least I can describe to you the steps I've taken.

This procedure derives from the experience I've had as a musician rehearsing chamber music with other players. In rehearsing chamber music, the players of course have to achieve a coherent collective sound yet equally must preserve the distinctiveness of each instrument. If that balance can be struck, then each instrumental part seems to loom larger, mean more, than when the player rehearses alone – even though he or she is playing the very same notes. This is how a purely musical process of symbol-making occurs in group rehearsals; the notes of each part are transformed in value while remaining the same in material fact.

I draw in my sociological work on just this experience of musical rehearsal, even when I interview people individually. Typically, I will try to interview in depth about thirty to fifty people who share something in common, like the middle-ranking computer programmers I interviewed for the book *The Corrosion of Character*. I then ask them to talk about this shared condition. In writing about their varied interpretations, I try to stage something like a group rehearsal on the page, one in which individual beliefs or experiences mean more when played together with others. Hopefully, the reader later joins the rehearsal. If the writing works, it does *not*, I want to emphasize, beget generalizations about all programmers; instead, it activates the process of symbolization, in which their experience acquires more than individual meaning through association.

The distinction between generalization and symbol is a keystone of pragmatic philosophy. While the generalization is a fixed statement, the symbol is a process which helps us relate experiences to one another. The distinction matters also in the everyday practices of social research. Fifty hours of interviews produces about fifteen hundred pages of transcribed text, Proustian in size; the writer's craft lies in pairing down this mass of paper until a balanced relation is struck between distinctive voices. As a practical matter, elimination is the important literary skill required of the socially minded writer engaged in talking to his or her subjects.

I have tried to show, through these techniques of voicing, narrating, stimulating curiosity, and symbol-making, how the writing of social literature is a craft. As in any other craft, inspiration is no guide, nor in this particular craft will humanistic empathy suffice. The social writers I particularly admire – Walter Benjamin, Roland Barthes, Michel Foucault, and Michel de Certeau – write quite differently from each other, yet all share an essential ethos of craftsmanship. All established a set of practices for their prose, but these practices evolved in the course of their careers; they could thus make discoveries, rather than just demonstrate skill. All craftsmanship should have that aspiration; good technique is not a fixed, closed system.

In Conclusion

I'd like to conclude this apologia with a perhaps odd reflection on the status of literature in modern culture. It's often said that ours is an age where images have come to possess more power than words. Computerized technologies have enabled the composition and manipulation of images in ways unimaginable in the past; critics fear than these technologies open up new possibilities for social and political manipulation on a global scale.

The power of the image has a different, and more positive dimension in the social sciences. Many of my students now do research using still photography and digital video; in place of weighty tomes, they offer as theses minute data-sticks containing hundreds of photographs or hours of computerized film. This visual turn seems to me, as a writer, welcome. All four of the verbal practices I've explored with you are live issues in visual practice as well; we can see as well as read voicing, story-making, the arousing power of cognitive dissonance, and associative symbolization. I welcome this shift not because the craft I've practiced continues in a new medium, but just because that new medium will in time alter these practices. Visual narratives can deal with absence and silence, for instance, but do so, as in the street photography of Thomas Struth, through lighting devices which have no exact verbal parallel. Crafts stay alive through adaptation and mutation, rather than through mechanical repetition or conservation. This law of continuity through mutation – the one generalization I offer you – is equally true in law, religious belief, and sex.

There is, however, a challenge which I think younger people will face in doing visually what I have sought to do verbally. This challenge lies in making the viewer dwell on the image. Literature slows up time, indeed suspends it, as we read. The modern image culture is by contrast short-term time, often a nearly instant parade of images; modern image-culture thus risks succumbing to attention-deficit disorder. The visual analyst of society will have to create a counter-culture to the surfing of images; he or she will have to find new techniques for making visual experiences.

For myself, I have no wish to stop writing; by now I am addicted to words. I want to thank the Gerda Henkel Foundation for making it possible to continue to write, that is, for feeding my addiction.

Richard Sennett

Wie ich schreibe: Soziologie als Literatur

Die Gerda Henkel Stiftung ist so freundlich, mir für mein Lebenswerk ihren Preis 2008 zu verleihen. Es fällt mir allerdings nicht leicht, das, was ich bisher getan habe und – sofern mein Alter es zulässt – zu tun gedenke, zusammenzufassen. Zwei Grundthemen standen bisher im Mittelpunkt meiner Forschung: Arbeit und Orte. Ich wollte wissen, wie Menschen arbeiten und wie sie sich ein Zuhause schaffen. Um mehr darüber zu erfahren, zog ich es vor, mit Arbeitern und Städtern von Angesicht zu Angesicht zu sprechen, oder, wenn das nicht möglich war, historische Aufzeichnungen aus erster Hand zu verwenden. Eine Denkschule habe ich allerdings nie begründet.

Eine Erklärung dafür findet sich zweifellos in meiner Biographie. Ich wurde in das etwas eigenartige Milieu von Kommunisten und Ex-Kommunisten hineingeboren, die versuchen mussten, trotz der Verfolgung im Amerika der McCarthy-Ära in den fünfziger Jahren zu überleben. Gleichzeitig war man in diesem Milieu untereinander in gnadenlose sektiererische Kämpfe verstrickt. Um ihre ideologische Position zu verteidigen, schwärzten sich Stalinisten und Ex-Stalinisten nicht selten gegenseitig bei der Polizei an. Die selbstzerfleischenden Debatten und Selbstreinigungsprozesse dieser extremen Linken waren zwar nie mehr als ein Ereignis von zu vernachlässigender Bedeutung für die amerikanische Gesellschaft, doch sie erregten in mir einen lebenslangen Zorn gegen alles Dogmatische und darüber hinaus eine Abscheu vor der bloßen Idee einer Denkschule. Ich verglich sie mit einer Art »Gedanken«festung, in der sich eine beherrschende Idee oder ein beherrschender Denker niedergelassen hatte – eine Festung, die es zu verteidigen gilt und aus der Abtrünnige vertrieben werden.

Zum Intellektuellen wurde ich durch Zufall. Eine Handverletzung hatte meinem Berufswunsch, Cellist zu werden, ein Ende bereitet. Meine Studienkollegen an der Universität waren mir an Lektüre ein Jahrzehnt voraus. Gezwungenermaßen musste ich mich da an die Regel Roland Barthes halten, der empfohlen hat: »Lies wenig, aber lies genau.« In meiner Naivität stellte ich mir die Kultur als eine Einheit vor und meinte, um eine Kultur zu verstehen, müsse ich nur die Gedanken der Soziologie, der Geschichte und der Philosophie miteinander kombinieren. Doch wie Rossinis diebische Elster schnappte ich Ideen auf, wie sie mir gerade zuflogen, und nahm unbefangen an, sie würden sich schon irgendwie zusammenfügen. Für diesen Irrtum musste ich bezahlen.

Anders als meinem Freund Norbert Elias, der eine höchst respektable Denkschule gegründet hatte, fehlte mir in meiner Anfangszeit eine Methode, um Fakten und Ideen zu sortieren. Dies gilt auch für die philosophische Tradition des Pragmatismus, von der ich mich immer leiten ließ: Methodik hat im Zusammenhang mit dieser Tradition einen schlechten Ruf. »Pragmatismus« bedeutet nicht »praktisch« im Sinn einer reinen Problemlösung. Pragmatismus konzentriert sich vielmehr auf die gelebte Erfahrung – oder auf das »Erlebnis«, wie Sie wohl in Deutschland dazu sagen würden. Um die Offenheit für neue Erlebnisse zu bewahren, hält sich der Pragmatismus weniger mit strategischem Handeln auf – im Deutschen vielleicht als Handeln »aus Erfahrung« bezeichnet. Weil beim Pragmatismus der Überraschung und der Neugier in der gelebten Erfahrung ein hoher Stellenwert zukommt, legt diese Tradition Wert auf Offenheit und Improvisation beim Verstehen; dieser Offenheit wird die Strenge einer disziplinierten Denkschule geopfert.

Ihre freundliche Einladung veranlasste mich, darüber nachzudenken, was ich an die Stelle von Dogma und Strenge gesetzt habe. Ich möchte Ihnen heute Abend eine Art und Weise beschreiben, wie Kulturanalyse betrieben werden kann: Wir gehen dabei von der Überzeugung aus, dass Soziologie die Gestalt von Literatur annehmen kann und sollte. Diese Überzeugung bringt ihre eigene Disziplin mit sich. Dabei geht es um mehr als darum, klar und verständlich zu schreiben; Ziel der soziologischen Literatur ist es, dieses Gefühl gelebter Erfahrung – also von Erlebnis – durch geschriebenen Text hervorzurufen.

Zuerst möchte ich indes auf die Frage eingehen, warum auch andere, die auf den Gebieten Soziologie, Wirtschaft und Politik Neues entdecken, sich um schriftstellerische Fertigkeiten bemühen sollten. Nur so kann eine Verbindung mit dem öffentlichen Raum entstehen.

Der öffentliche Raum

Von der Zeit Montaignes bis hin etwa zu Tocqueville war es wohl selbstverständlich für einen Beobachter des gesellschaftlichen Lebens, sich auch dem Handwerk des Schreibens zu widmen. Dies war vor allem deshalb nötig, weil in der frühen modernen Gesellschaft verbal eine gewisse Funkstille geherrscht hat. Eingeschlossen in rigide, verblassende Sozialkategorien überlieferter Positionen, war es für diese Menschen schwierig, die Dynamik und die Energie einer moderneren Sozialordnung in Worte zu fassen. Europäische Eroberer fremder Länder wie de Las Casas hatten Mühe damit, die unerwartete Komplexität und den Reichtum der Völker zu beschreiben, deren Leben die Eroberer zerstörten. Zurück in Frankreich, musste Montesquieu sich später in seinem Roman *Persische Briefe* der Allegorie bedienen, um seine Pariser Kollegen wachzurütteln und ihnen zu Bewusstsein zu bringen, wie lokal begrenzt ihre europäische Kultur ist. In seiner Beschreibung der »trostlosen Wissenschaft« brauchte Adam Smith ein großes Sprachtalent, um seinen Zeitgenossen die Macht der Märkte bewusst zu machen, die bald ihr Leben beherrschen sollten. Tocquevilles Werk *Über die Demokratie in Amerika* ist, wie ich meine, ganz bewusst nach dem Vorbild von Homers *Odyssee* angelegt – als Reise in ein fremdes Land, in dem gleiches Recht für alle gilt.

Mit ihren literarischen Fähigkeiten weckten also diese Autoren in ihren Lesern einen Sinn für »das Soziale« als problematische Kategorie, und ihre Schriften waren das verstörende Geschenk der

Bewusstmachung. Dies soll heißen, die bloße Kraft ihrer Schriften trug dazu bei, einen öffentlichen Raum zu schaffen, so wie Hannah Arendt ihn verstand – einen Raum der gemeinsamen kollektiven Intelligenz.

Heute droht vielen Soziologen aufgrund ihrer schwachen Ausdrucksfähigkeit der Ausschluss von diesem öffentlichen Raum. Dabei handelt es sich nicht einfach um einen persönlichen Mangel. Akademische Institutionen, die ihre Freiheit schützen wollen, sowie die Spezialisierung und Bürokratisierung von Wissen, sind allgemeine Ursachen für die intellektuelle Isolation. Die Schwächung der gemeinsamen Intelligenz ist nur eine der greifbaren Folgen davon. Die Tiefe dessen, was Forscher wissen, wird immer weniger kommunizierbar, weil es an Ausdrucksmitteln fehlt. Was der Öffentlichkeit bleibt, sind die Hülsen des Wissens – das, was seine Oberfläche ausmacht.

Alles Schreiben ist ein politischer Vorgang, allein schon in der Art und Weise, wie ein Autor mit seinen Lesern kommuniziert. Ich habe mit Bedauern festgestellt, dass Soziologen, die versuchen, sich an die Allgemeinheit zu wenden, dazu neigen, zusammenzufassen und zu vereinfachen. Mit anderen Worten: Sie sprechen von einem Podest herab, d.h. sie sind herablassend. Der Leser wird im Denken des Autors nicht als kritischer Partner wahrgenommen. De Las Casas, Montesquieu und Tocqueville behandelten ihre Leser dagegen eher als ihresgleichen. Die Taktik, sich »von oben herab« an den Leser zu wenden, ist auch Zeichen eines falschen Verständnisses vom Schreiben selbst.

Menschen, die diesen Fehler begehen, gehen vielleicht davon aus, sie wüssten bereits alles, worüber sie schreiben, bevor sie mit dem Schreiben beginnen. Sie sammeln ihre Informationen und ihre Gedanken, um dann die Ergebnisse »niederzuschreiben«. Damit legen sie anderen dar, was sie bereits durchdacht haben. Dagegen sollte der Schreibvorgang eher wie ein Labor, eine Werkstatt zum Nachdenken sein, und nicht eine nachträgliche Präsentation zusammengestellter Fakten. Wenn wir versuchen, unsere Gesellschaft ausdrucksvoll zu beschreiben, so dass das Interesse der anderen daran geweckt wird und sie bewegt sind von dem, was wir schreiben, dann stoßen wir dabei auf eine Reihe ganz besonderer analytischer Probleme.

Deshalb möchte ich als nächstes über das Handwerk des Schreibens soziologischer Literatur sprechen. Ich werde Ihnen Dinge beschreiben, die ich aus eigener Erfahrung kenne. Natürlich liegt es mir fern, mich als leuchtendes Beispiel für gutes Schreiben darzustellen, und gewiss gibt es andere Lösungen für die Probleme des expressiven Schreibens als die von mir entdeckten. Doch mit den folgenden Problemen an sich sind, wie ich meine, die meisten konfrontiert, die gesellschaftlich orientierte Literatur schreiben.

Das Handwerk des Schreibens

Ich möchte Ihnen hier vier Herausforderungen schildern, denen ich in meiner Schreibwerkstatt immer wieder begegnet bin. Ich meine damit die vom Autor gewählte Stimme, die Erzählung, das Wecken von Interesse und die Generalisierung. Auch ein Roman- oder Bühnenautor steht vor diesem Quartett von Schwierigkeiten, denn sie sind die Grundpfeiler der Literatur. Doch der Autor von Fachbüchern muss sich ihnen auf eine spezielle Weise nähern.

a) Die Stimme

Unter »Stimme« ist diejenige Person zu verstehen, durch die der Autor zum Leser spricht. In der Literatur erkennt man die Stimme ganz einfach am Gebrauch des »ich« oder des »wir«. Die Stimme einer dritten Person macht bei großen Romanautoren wie Flaubert die Präsenz des Autors in jedem Wort spürbar, ohne dass der Autor jemals persönlich den Leser anspricht. In der Fachliteratur ist die Lösung dieses Problems oft heikel und manchmal eine frustrierende Angelegenheit.

Nehmen wir an, der Autor möchte in einem Text die Erfahrungen einer fähigen Mitarbeiterin bei der Zusammenarbeit mit einem inkompetenten Chef lebendig darstellen; er gehört zu den Chefs, die für drei Stunden in die Mittagspause entschwinden und sie in dieser Zeit mit all den Schwierigkeiten im Büro allein lassen. Um aus dieser Situation gute Literatur zu machen, muss der Autor mehr tun als nur die Umstände von der Art aufzuzählen, wie ich sie eben beschrieben habe. Der Autor wird erforschen müssen, was »Inkompetenz« für die seit langem unter diesen Umständen leidende Mitarbeiterin bedeutet. Das heißt, er wird ihr eine Stimme geben müssen. Der Autor könnte einfach ihre Klagen zitieren. Doch illustrative Zitate sind eine statische, langweilige Angelegenheit. In fiktiven Geschichten sind Individuen wie »die leidende

Mitarbeiterin«, die nur als Vertreter einer bestimmten Kategorie porträtiert werden, leblose Charaktere. Für Sachliteratur gilt dies ebenso. Der Autor muss in das abgerundete, unverwechselbare Leben seiner Figur hineinschlüpfen. Dies erfordert, dass die Person eine Stimme erhält, die *auf Interpretation beruht*; sie muss darum bemüht sein, einen Sinn in ihren Umständen zu erkennen.

Hinter diesem literarischen Bemühen verbirgt sich ein dorniges soziales Problem. Im 19. Jahrhundert forderte Wilhelm Dilthey erstmals, die Soziologie müsse es den Figuren überlassen, die Interpreten ihres eigenen Handelns zu sein, statt Soziologen diese analytische Interpretation zuzugestehen. Dies ist mit Diltheys Worten die Domäne des »Verstehens«. Als Humanist ging er davon aus, dass die Menschen kompetente Interpreten ihres eigenen Lebens seien; insbesondere lehnte er die Vorstellung von der Dummheit eines so genannten Lumpenproletariats ab. Ferner war Dilthey überzeugt, dass Empathie auf Seiten des Forschers die Tore für ein besseres Verständnis öffnen werde. Einfühlung in die Unterdrückten würde Erkenntnisse darüber hervorbringen, wie sie denken, fühlen und handeln. Aus seiner Sicht zählt also der persönliche Charakter mehr als sein Handwerk. Bei der Art Forschung, wie ich sie betreibe, die auf persönlichen Gesprächen und historischen Schilderungen aus erster Hand beruhen, hat dieses Vorgehen allerdings einen Haken.

Ziemlich am Anfang meiner beruflichen Laufbahn habe ich das Leben weißer Erwachsener und Jugendlicher der amerikanischen Arbeiterklasse studiert. Viele von ihnen waren und sind überzeugte Rassisten. Diese Ansichten finde ich abstoßend. Vor einiger Zeit befasste ich mich mit Technikern und Programmierern. Ihre Leidenschaft für technische Vorgänge ist für mich nur schwer nachvollziehbar. Rein emotionales Einfühlen oder mentale Identifikation nützen in diesen Fällen wenig. Bei meinen Feldstudien kann ich ein ziemlich streitbarer Interviewer sein. Ich diskutiere mit Rassisten und fordere die Techniker heraus, mir zu erklären, warum es auf eine bestimmte Technik oder ein technisches Verfahren unbedingt ankommt. Durch meine Einwände zeige ich ihnen, dass ich sie ernst nehme, was ich tatsächlich tue. Dies überträgt sich unmittelbar auf den Akt des Schreibens. Jemand, der ebenfalls meine Arbeitsmethode anwendet, wird vielleicht das fiktive »als ob« gebrauchen wollen – das heißt, zu berichten, was ihm oder ihr erzählt worden ist, so »als ob« der Autor selbst Rassist oder Techniker wäre, um dann hinter dem »als ob« hervorzukommen, zu urteilen oder naive Fragen zu stellen. Das Geschriebene, das daraus hervorgeht, soll eine Verdoppelung der Perspektive vermitteln. Im Text soll mehr als eine aktive, interpretative Stimme vorkommen.

Das ist handwerkliches Können.

b) Der erzählerische Aspekt

Bei dem Thema »Erzählung« soll ausdrücklich davor gewarnt werden, soziologische Literatur mit Romanen zu verwechseln. Während der Romanautor die Ereignisse vollkommen selbst steuert, ist das beim soziologischen Autor nicht der Fall. Dieser Binsenweisheit kommt in der Praxis eine besondere Bedeutung zu. Die Handlung in einem Roman summiert sich. Deutlich erkennbar ist das im gut geschriebenen klassischen Roman wie etwa *Middlemarch* von George Eliot, oder *Die Buddenbrooks* von Thomas Mann. In diesen Erzählungen bereitet jedes Ereignis, jede Handlung auf das vor, was als nächstes kommt. Das Fortschreiten der Ereignisse treibt die Handlung voran. Diese Akkumulation findet auch in moderneren Romanen statt wie etwa in James Joyces *Ulysses* oder in den Werken von Thomas Bernhard. Diese Bücher muss man zu Ende lesen, um den Sinn der einzelnen Fragmente zu begreifen.

Individuelle und kollektive Geschichten verfügen nicht über dieses literarische Merkmal. Die Lebensgeschichte einzelner Personen ist oft inkohärent, ein Puzzle aus verschiedenen Teilen, die nicht recht zusammenpassen, und kollektive Geschichten müssen sich nicht unbedingt durch Weiterentwicklung auszeichnen. Ich möchte Ihnen das jeweils an einem Beispiel erläutern: Viele der Menschen, die ich interviewte, arbeiteten in der New Economy. Statt einer langfristigen beruflichen Laufbahn waren sie nur befristet beschäftigt. Globale Wirtschaftskräfte, auf die sie keinen Einfluss haben, zwingen solche Beschäftigte, die Art und den Ort ihrer Arbeit immer wieder zu wechseln. Obwohl sie hart arbeiten, ist ihre Arbeit nicht stimmig und mangelt an Kohärenz. Das Fehlen eines wachsenden Gefühls für den Sinn der eigenen Arbeit ist mir erst kürzlich aufgefallen, als ich dynamische, mobile Finanzmanager in New York interviewte. Der Kollaps von Firmen wie Long-Term Capital Management vor einem Jahrzehnt, oder das Platzen der New-Economy-Blase vor einigen Jahren hat diese Manager kaum beeindruckt. Ihr Verhalten wurde durch frühere Desaster nicht beeinflusst – ihre kollektive Geschichte hat dadurch keine Weiterentwicklung erfahren.

Angesichts solcher Inkohärenz könnte der soziologische Autor versucht sein, einzelne Momente zu schildern, ohne dem ganzen Durcheinander einen Erzählfaden aufzuzwingen. Doch damit würde er der sozialen Wirklichkeit nicht gerecht. Menschen denken nun einmal in Geschichten, um den Zusammenhang von Ursache und Wirkung zu verstehen, d.h. sie wollen im Handeln der Personen einen Wert im Sinne von Konsequenzen erkennen. Ferner können Schilderungen des täglichen Lebens den Menschen helfen, strategisch zu denken. Sie können daraus lernen, sich verschiedene Ergebnisse hinsichtlich einer Handlung vorzustellen, die sie gerade ausführen wollen. Strategische Projektionen erfordern die Vorstellung von nicht nur einem, sondern von mehreren möglichen Szenarien. Ohne das Instrument der Erzählungen nimmt das gesellschaftliche Verständnis radikal ab.

Wenn Menschen, wie etwa im modernen Kapitalismus, einer sie leitenden Geschichte, an der sie sich orientieren können, beraubt werden, so ist es die Aufgabe des Schriftstellers, diesen Mangel zu thematisieren und zu analysieren, damit besser verstanden wird, warum ein Arbeiter, der seinen Job verloren hat, oder ein Investor, der sein ganzes Vermögen verloren hat, keinen Zusammenhang mehr herstellen kann zwischen seiner Vergangenheit, seiner Gegenwart und seiner Zukunft. Dadurch entsteht eine Erzählung ganz eigener Art, eine Geschichte, die durch Lücken und Auslassungen gekennzeichnet ist. Der Autor mischt sich in die jeweilige Erzählung ein, indem er aufzeigt, was fehlt. In der Welt der Literatur sind die Werke von Borges, Bernhard und Calvino gute Beispiele für lückenhafte Geschichten. Heute können solche literarischen Hilfsmittel dazu dienen, den Zeitsplittern einer politischen Ökonomie mehr Verständnis abzugewinnen.

Insgesamt unterscheidet sich also das Erzählen einer erdachten Geschichte vom Erzählen einer erlebten Geschichte. Bei einer erdachten Geschichte bestimmt der Autor die zeitliche Abfolge der Ereignisse. Schweigepausen und Unterbrechungen der Sprechstimmen von Personen werden Teil der Geschichte. Auch das erfordert handwerkliches Können.

c) Das Wecken von Interesse

Der Herausgeber der *New York Review of Books* wies einmal einen Essay zurück, den ich über Linux, den Open-Source-Code für Computer, verfasst hatte. Er sagte zu mir: »Was Sie geschrieben haben, ist gewiss richtig, doch es interessiert mich einfach nicht.« Man könnte meinen, die bloße Wichtigkeit eines Themas würde das Interesse von Lesern, wenn nicht gar von Herausgebern wecken. Bei dem Open-Source-Code handelt es sich immerhin um die Zukunft unserer Computer. Doch es besteht nicht zwangsläufig ein Zusammenhang zwischen wichtig und interessant. Manche Autoren reagieren auf dieses Dilemma, indem sie ein Thema überdramatisieren, um das Interesse anderer dafür zu gewinnen. Sie neigen dazu, das viel zu oft missbrauchte Wort »Krise« zu verwenden, um Aufmerksamkeit zu wecken. Doch wenn alles zur Krise wird, verliert das Wort jede Bedeutung. Wir müssen uns also grundlegend damit auseinandersetzen, auf welche Weise sich Interesse wecken und stimulieren lässt.

Ich gehe davon aus, dass Neugier und Überraschungsmomente weit dauerhaftere Stimuli sind als Angst und Entsetzen. Das Wort »Krise« lenkt zwar die Aufmerksamkeit auf ein Thema, doch Neugier sorgt dafür, dass der Leser einen Blick in das Buch wirft. Dem Autor, der über Soziales schreibt, stehen zwei Methoden zur Verfügung, um Neugier zu wecken.

Die klassischen psychologischen Studien zum Thema Neugier drehen sich um die Erfahrung »kognitiver Dissonanz« – ein Zustand, in dem widersprüchliche Regeln und Belohnungen für ein Verhalten bestehen. Wenn Menschen – wie Ratten im Labor des Psychologen – in einem solchen Doppelblindversuch gefangen sind, wenden sie sich ihrer unmittelbaren Umgebung mit besonderer Aufmerksamkeit zu und suchen nach einem Weg, sich das Unerklärliche zu erklären. Ihre Neugier ist also geweckt. Bei einem Text wirkt sich das Bestehen von differierenden, dissonanten Stimmen, wie ich sie bereits beschrieben habe, genauso aus. Wenn wir das Wort »Struktur« in Bezug auf einen geschriebenen Text verwenden, wollen wir damit, wie ich meine, auf diese sich überlagernden verbalen Schichten anspielen, durch die das Verschiedenartige zum Ausdruck kommt.

Was die psychologischen Studien über kognitive Dissonanz zum Vorschein bringen, ist, dass Menschen, oder Ratten, die in Widersprüchen gefangen sind, nicht in eine Krise geraten, also nicht durchdrehen, sondern mit diesem Widerspruch leben, indem sie sich auf ein bestimmtes Verhalten konzentrieren. Auf diese Weise versuchen sie, mit dem Widerspruch im Rahmen einer allgemeineren Situation zurechtzukommen, auf die sie keinen Einfluss haben. Beim Schreiben wollen wir dieselbe Art von Konzentration erreichen, indem wir eine widersprüchliche oder dissonante Situation kreieren, damit der Leser einem bemerkenswerten Detail seine volle Aufmerksamkeit zuwendet. Wenn ich die Notizen über ein Interview niederschreibe, füge ich deshalb auch immer Körperhaltungen und Gesten, oder den Tonfall der Stimme hinzu, da es sich dabei häufig um ironische oder distanzierende Bewertungen des Gesprochenen handelt. Der Widerspruch zwischen einem Schulterzucken und einer prinzipiellen Erklärung lässt den Leser aufmerksam werden, genau so, wie während des Interviews meine Aufmerksamkeit geweckt wurde.

Eine andere Methode, um Neugier zu stimulieren, dreht sich um das unausgesprochene Wissen, um Dinge, die wir als selbstverständlich voraussetzen, um das Verhalten, das wir unbewusst an den Tag legen. Der Verfasser von soziologischer Literatur wird mit diesem Element des für selbstverständlich Gehaltenen arbeiten und dem Leser diese Momente nach und nach ins Bewusstsein rufen, indem er aus dem, »was jeder weiß«, etwas macht, was zunehmend irritiert und provoziert. Als ich *The Fall of Public Man* schrieb, befasste ich mich eingehend mit dem Händeschütteln, eine anscheinend banale Form öffentlicher Begrüßung. Dann stellte ich eine Verbindung her zu anderen Gesten der Körpersprache, mit denen man sich im 18. Jahrhundert Fremden näherte. Dazu kamen Gewohnheiten, die die Gespräche in Gasthäusern und Cafés begleiteten. So wurde mein Leser, wie ich hoffe, durch den Zusammenhang mit Umarmungen, Küssen und anderen verbalen Begrüßungen immer interessierter an der Bedeutung des Händeschüttelns. Dieser Vorgang, bewusst das Interesse des Lesers zu wecken, hat auch mir etwas gebracht: Ich lernte, den öffentlichen Raum als einen Raum des Sinnlichen, der körperlichen Erfahrung, wahrzunehmen.

An Stelle der Dramatisierung wird der soziologisch orientierte Schriftsteller wohl eher Techniken einsetzen wollen, die mit kognitiver Dissonanz und Permutation zu tun haben, um das Interesse seiner Zielpersonen zu wecken. Auch hier kommt wieder die Politik ins Spiel. Die Sprache der Krise ist eng verwandt mit dem Manifest, der öffentlichen Kundgebung. Die Sprache der kognitiven Dissonanz und der Permutation ist dagegen ruhiger und näher am Alltag. Sie lädt den Leser eher dazu ein, Anteil zu nehmen, als bloß zuzustimmen.

Natürlich will ich damit nicht sagen, wir sollten uns stets für die leisen Töne des Schreibens entscheiden. Dramatisierung ist ein notwendiges Werkzeug in der handwerklichen Arbeit eines jeden Schriftstellers. Was ich meine, ist nur, dass dieses Werkzeug mit Bedacht eingesetzt werden sollte. Michel Foucault geht zum Beispiel am Anfang von *Überwachen und Strafen* sehr vorsichtig damit um, in der Art, wie er die Exekution von Damiens beschreibt, der beabsichtigt hatte, Ludwig XV. zu töten. Die Umstände von Damiens Folter sind grausam und dramatisch; doch Foucaults Kunst liegt darin, durch das Einstreuen von Andeutungen einzelne Elemente dieser Szene mit Ereignissen und Gedanken zu verbinden, die nichts mit einer Hinrichtung zu tun haben.

Ich hoffe, ich konnte Sie inzwischen davon überzeugen, dass Schreiben mehr ist als ein bloßes Mittel zum Zweck. Doch was ist der tiefere Grund, weshalb wir Personen eine Stimme verleihen, einen Erzählfaden spinnen und Neugier wecken wollen?

d) Generalisierung

Dies führt mich zum vierten Pfeiler der soziologischen Literatur – der Schwierigkeit der Generalisierung. Was ich bisher das Schreiben soziologischer Literatur betreffend gesagt habe, bezieht sich in erster Linie auf Individuen und Einzelumstände. Es wäre völlig berechtigt, darauf hinzuweisen, dass solche Einzelerfahrungen, wie faszinierend sie auch sein mögen, nicht als Darstellung sozialer Bedingungen im Allgemeinen gewertet werden dürfen. Kritiker werden meine eigenen Worte gegen mich wenden, wenn ich erkläre: Ein einzelner Mensch kann nie eine soziale Kategorie darstellen.

Große Literatur muss indes gerade diesen Fehler begehen. Die Romane von Balzac und Proust laden den Leser dazu ein, aus den Verbrechen von Vautrin eine Metapher für politische Korruption abzuleiten oder aus der Figur des Baron de Charlus und seiner affektierten Haltung den Verfall einer ganzen aristokratischen Klasse herauszulesen. Wir können uns dieser Aufforderung zur Generalisierung nicht entziehen. Der amerikanische Pragmatiker C.S. Peirce bietet uns eine Erklärung dafür: Kategorien aller Art sind geistige Konstrukte, und soziale Kategorien sind besonders fragile geistige Konstrukte, da eine Kategorie, die sich aus einer Million Menschen zusammensetzt, andererseits im Bewusstsein jeder Einzelperson auf mangelnden Informationen beruht. Um eine soziale Kategorie zu konstruieren, müssen wir daher einen Sprung von »radikaler Induktion« machen, wie Peirce es nennt – d.h. von gelebter Erfahrung zu Erfahrungen, die wir nicht machen konnten. Symbole übernehmen für uns diesen Sprung der radikalen Induktion – sei es, dass es sich bei diesen Symbolen um

Sozialstatistiken oder um Figuren und Ereignisse in der Literatur handelt.

Allerdings erklärt der Grundsatz von Peirce nicht, was der Schriftsteller tun könnte, um persönlichen Erfahrungen zu einer symbolischen Resonanz zu verhelfen. In der kreativen Literatur darf die radikale Induktion als unergründliches Geheimnis großer Kunst gelten. Doch beim Schreiben von soziologischer Literatur können wir, wie ich meine, konkrete Schritte unternehmen, um die radikale Induktion anzuregen. Zumindest kann ich Ihnen beschreiben, wie ich diesbezüglich vorgegangen bin.

Meine Erfahrung als Musiker während der Kammermusik-Proben mit anderen Musikern hat mir dabei genutzt. Beim Spiel von Kammermusik müssen alle Musiker gemeinsam ein einheitliches Gesamtklangbild produzieren; gleichzeitig ist das charakteristische Wesen jedes Einzelinstruments zu bewahren. Wenn diese Balance gelingt, wirkt jeder Instrumentalbeitrag im Zusammenspiel größer und bedeutungsvoller als beim Üben der einzelnen Instrumente, obwohl der Musiker doch genau dieselben Noten spielt. Dies ist ein Beispiel dafür, wie bei einem rein musikalischen Prozess die Symbolbildung entsteht: Die Noten jedes Teilnehmers werden in ihrem Wert verwandelt, während sie faktisch dieselben bleiben.

Ich habe bei meiner soziologischen Arbeit von dieser Erfahrung profitiert, auch wenn ich Gespräche mit Einzelpersonen führe. Üblicherweise führe ich Tiefeninterviews mit ungefähr dreißig bis fünfzig Personen, die etwas miteinander gemein haben, beispielsweise Computerprogrammierer in einer mittleren Position, wie ich sie für mein Buch *The Corrosion of Character* interviewt habe. Ich bitte sie, über die Situation zu sprechen, die jeder von ihnen kennt. Während ich über ihre unterschiedlichen Interpretationen schreibe, versuche ich, auf dem Papier so etwas wie eine Orchesterprobe zu inszenieren. D.h. ich versuche, ihre einzelnen Überzeugungen und Erfahrungen so miteinander in Einklang zu bringen, dass sie in ihrer Summe mehr bedeuten, als jede für sich genommen. Dabei hoffe ich, auch der Leser wird später etwas von dieser Orchesterprobe spüren. Das Ergebnis dieser Schreibmethode soll allerdings *nicht*, wie ich ausdrücklich betonen möchte, eine Verallgemeinerung aller PC-Programmierer sein. Auf diesem Weg soll lediglich der Prozess der Symbolbildung angeregt werden, d.h. durch die Assoziation des Lesers wächst die Erfahrung des Einzelnen über ihre individuelle Bedeutung hinaus.

Die Unterscheidung zwischen Generalisierung und Symbolbildung ist ein Hauptmerkmal der pragmatischen Philosophie. Während es sich bei der Generalisierung um eine definitive Erklärung handelt, ist die Symbolbildung ein Prozess, der uns hilft, einzelne Erfahrungen miteinander in Beziehung zu setzen. Diese Unterscheidung ist auch bei der täglichen Arbeit soziologischer Forschung von Bedeutung. Interviews von insgesamt 50 Stunden ergeben etwa 1500 Seiten Text – Material von wirklich proustschem Umfang. Die Herausforderung des Autors liegt darin, diese Massen an Niederschrift so zusammenzufügen, dass ein ausgeglichenes Verhältnis zwischen den charakteristischen Stimmen erreicht wird. In der Praxis ist das Kürzen und Zusammenfassen eine wichtige Kunst, die der soziologisch orientierte Schriftsteller beherrschen muss, wenn er persönliche Interviews führen will.

Ich habe versucht, anhand der Technik des Stimmeneinsatzes, des Erzählens, des Erweckens von Interesse und der Symbolbildung zu erklären, wieso das Schreiben soziologischer Literatur als Handwerk zu werten ist.

So, wie bei jedem anderen Handwerk die Inspiration kein zuverlässiges Mittel der Orientierung ist, genügt auch in diesem Handwerk des Schreibens soziologischer Literatur das humanistische Einfühlungsvermögen nicht. Die soziologischen Autoren, die ich besonders bewundere – Walter Benjamin, Roland Barthes, Michel Foucault und Michel de Certeau – unterscheiden sich ziemlich in der Art, wie sie schreiben, doch sie alle verbindet ein Grundverständnis davon, was gutes handwerkliches Können des Schreibens ausmacht. Sie alle haben für ihre Prosa eine Reihe von Methoden festgelegt, die sie aber im Laufe ihrer Berufsausübung weiterentwickelten. Auf diese Weise konnten sie manches entdecken, statt nur ihr Geschick unter Beweis zu stellen. Dieser Ehrgeiz sollte eigentlich jedem handwerklichen Können zugrunde liegen. Eine gute Technik ist kein undurchlässiges, starres System.

Zum Abschluss

Zum Abschluss dieser Apologie möchte ich eine vielleicht etwas aus dem Rahmen dieses Vortrags fallende Reflexion über den Status der Literatur in der modernen Kultur anstellen. Oft wird behauptet, wir lebten in einer Ära, in der Bilder mehr Macht gewonnen haben als Worte. Computertechnologien ermöglichen die Zusammensetzung und Veränderung von Bildern in einer Art, die früher undenkbar gewesen wäre. Kritiker fürchten sogar, diese Technologien könnten weltweit neue Möglichkeiten der sozialen und politischen Manipulation eröffnen.

In den Sozialwissenschaften hat die Macht des Bildes dagegen eine andere, positivere Bedeutung. Viele meiner Studenten nutzen für ihre Forschungen Standfotos und digitale Videos. Statt in schweren Büchern bieten sie ihre Arbeiten in Form von kleinen USB-Sticks an, die hunderte Fotos oder Stunden computerisierten Film enthalten. Diese Wende zum Visuellen erscheint mir als Autor willkommen. Alle vier Praktiken des Schreibens, die ich mit Ihnen untersucht habe, sind auch im Umgang mit visuellen Medien lebhaft diskutierte Themen. Unterschiedliche Stimmen, der Aufbau einer Geschichte, das Wecken von Interesse durch kognitive Dissonanz oder die assoziative Symbolbildung – das alles sind Dinge, die sowohl bei der bildlichen als auch bei der verbalen Darstellung zählen. Ich begrüße diese Veränderung, nicht weil das Handwerk des Schreibens, das ich selbst ausübe, nun in einem neuen Medium weiterlebt, sondern deshalb, weil durch die neuen Medien mit der Zeit auch die alten Methoden verändert werden. Visuelle Darstellungen können zum Beispiel Abwesenheit oder Stille wiedergeben, und zwar wie etwa bei den Straßenfotos von Thomas Struth mit Hilfe von Beleuchtungstricks, für die es in der Schriftform keine exakten Parallelen gibt. Die Handwerkskünste bleiben eher durch Anpassung und Wandel als durch mechanische Wiederholung oder Konservierung lebendig. Dieses Gesetz der Kontinuität durch Wandel – die einzige Generalisierung, die ich Ihnen anbiete – gilt auch für die Gesetzgebung, für religiöse Überzeugungen und in der Sexualität.

Es gibt allerdings eine besondere Herausforderung, mit der Jüngere voraussichtlich konfrontiert sein werden, die das, was ich versucht habe, in Worten auszudrücken, mit Bildern darstellen wollen. Ich meine damit die Herausforderung, den Betrachter eines Bildes dazu zu bringen, sich länger mit einem Bild zu beschäftigen. Literatur dehnt die Zeit, ja sie hält sie sogar an. Die Kultur des modernen Bildes wirkt dagegen wie ein Zeitraffer; oft zieht vor unserem Auge in Sekundenschnelle eine ganze Reihe von Bildern vorbei. Die moderne Bildkultur könnte deshalb Opfer eines Aufmerksamkeits-Defizit-Syndroms werden. Wer die Gesellschaft auf visuellem Weg analysieren will, muss zur Kultur des Bild-Surfens eine Gegenkultur entwerfen. Er oder sie wird neue Techniken für das Erleben von Bildern finden müssen.

Ich selbst verspüre keinen Wunsch, mit dem Schreiben aufzuhören. Inzwischen bin ich süchtig nach Worten. Ich möchte der

Gerda Henkel Stiftung danken, dass sie es mir ermöglicht, auch weiterhin zu schreiben, also meiner Sucht zu frönen.

Richard Sennett

Vita

geb. am 1. Januar 1943 in den USA

1961 *The Juilliard School of Music*, New York

1964 Bachelor of Arts (BA), *University of Chicago*, Chicago

1969 Promotion (PhD), *Harvard University*, Cambridge, MA

1969–1974 Kodirektor des *Cambridge Institute*, Direktor von *The Urban Family Study*, *The Cambridge Institute*, Cambridge, MA

1975–1984 Gründer und Direktor des *New York Institute for the Humanities*

1989–1993 Vorsitzender des *Advisory Committee on Cities*, *International Social Science Council*
Vorsitzender des *International Committee on Urban Studies* der Vereinten Nationen / des *Development Programme* der UNESCO

1998– Vorsitzender des *Cities Programme* an der *London School of Economics*
Professor für Soziologie und Kulturwissenschaften und Akademischer Direktor an der *London School of Economics*
Professor für Soziologie und Professor für Geisteswissenschaften an der *New York University*
Fellow des *Council on Foreign Relations* (USA), der *Royal Society of Arts* (Großbritannien), der *European Academy*, der *American Academy of Arts and Sciences*, *Chevalier de l'Ordre des Arts et des Lettres* (Frankreich), Fellow der *Royal Society of Literature* (Großbritannien)

Ausgewählte Publikationen

Verfall und Ende des öffentlichen Lebens. Die Tyrannei der Intimität, Frankfurt am Main 1983
Autorität, Frankfurt am Main 1985
Civitas. Die Großstadt und die Kultur des Unterschieds, Frankfurt am Main 1991
Fleisch und Stein. Der Körper und die Stadt in der westlichen Zivilisation, Berlin 1995
Der flexible Mensch. Die Kultur des neuen Kapitalismus, Berlin 1998
Respekt im Zeitalter der Ungleichheit, Berlin 2002
Die Kultur des neuen Kapitalismus, Berlin 2005
Handwerk, Berlin 2008

Richard Sennett

Vita

Born January 1, 1943, USA

1961 The Juilliard School of Music, New York

1964 B.A., University of Chicago, Chicago

1969 PhD, Harvard University, Cambridge, MA

1969–1974 Co-Director, The Cambridge Institute, Director, The Urban Family Study, The Cambridge Institute, Cambridge, MA

1975–1984 Founder and Director, The New York Institute for the Humanities

1989–1993 Chair, Advisory Committee on Cities, International Social Science Council
Chair, International Committee on Urban Studies, United Nations Development Programme / UNESCO

1998– Chair, The Cities Programme, The London School of Economics
The London School of Economics: Professor of Sociology and Culture, Academic Governor of the School
New York University: Professor of Sociology, University Professor of the Humanities
Fellow, Council on Foreign Relations, Royal Society of Arts, The European Academy, American Academy of Arts and Sciences, Chevalier de l'Ordre des Arts et des Lettres, Fellow, Royal Society of Literature

Selected Publications

The Fall of Public Man, New York: Knopf, 1974/1977. Cambridge: Cambridge University Press, 1977
Authority, New York: Knopf, 1980. London: Secker and Warburg, 1980
The Conscience of the Eye. The Design and Social Life of Cities, New York: Knopf, 1990. London: Faber and Faber, 1991
Flesh and Stone: The Body and the City in Western Civilization, New York: W.W. Norton, 1994. London: Faber and Faber, 1994
The Corrosion of Character: The Personal Consequences of Work in the New Capitalism, New York: W.W. Norton, 1998. London: W.W. Norton, 1998
Respect in a World of Inequality, New York: W.W. Norton, 2003
The Culture of the New Capitalism, New Haven: Yale University Press, 2005
The Craftsman, New Haven & London: Yale University Press, 2008

Der Vortrag wurde am 10. November 2008 in Düsseldorf gehalten.

Bibliografische Information der Deutschen Nationalbibliothek

Die Deutsche Nationalbibliothek verzeichnet diese Publikation in der Deutschen Nationalbibliografie; detaillierte bibliografische Daten sind im Internet über http://dnb.d-nb.de abrufbar.

1. Auflage 2009

Timothy Doherty, Münster
Eisenbahnstraße 11, D-48143 Münster
Tel.: 0251/44088, Fax: 0251/44089
www.rhema-verlag.de

Fotos Festakt: Philipp Hympendahl; S. 10: Bundesministerium für Bildung und Forschung
Übersetzungen: TransLatio netWork – Sigrid Scholz; Eva Christine Koppold, freiberufliche Übersetzerin; Dr. Jeremy Gaines, Frankfurt
Gestaltung: PLEX Berlin, www.plexgroup.com
Satz, Lithographie: Rhema
Schrift: Sabon (Berthold), Trade Gothic (Lynotype)
Druck: AZ Druck und Datentechnik GmbH, Kempten
Printed in Germany
ISBN 978-3-930454-93-8